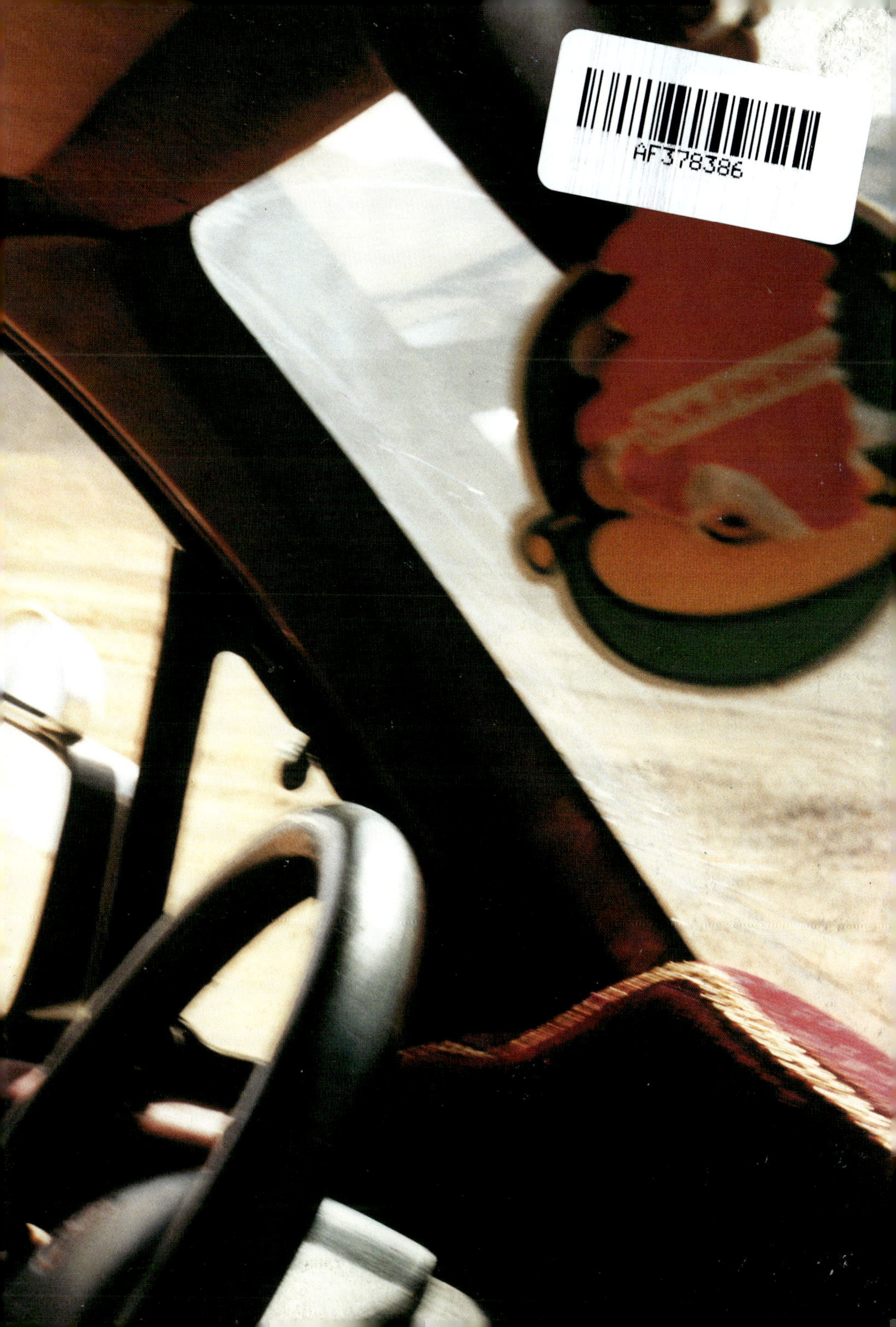
AF378386

مهنه للنتی

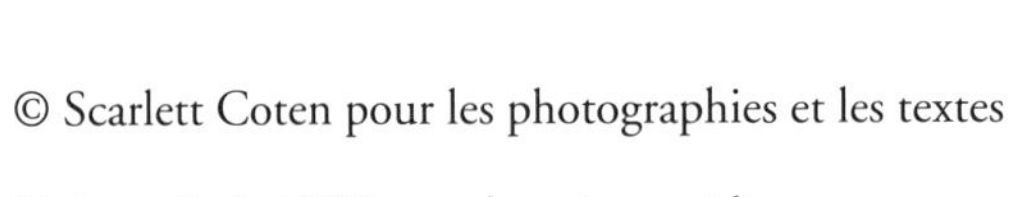

SCARLETT COTEN

Still alive

ACTES SUD

THE EMPTY QUARTER
FINE ART PHOTOGRAPHY

A ma famille.

A Goma et à tous mes amis bédouins.

Eh bien oui, j'ai vu l'Orient et je n'en suis pas plus avancé,
car j'ai envie d'y retourner.

GUSTAVE FLAUBERT, *Correspondance*, 1851

الى أصدقائي البدو

الى ابنتي هيلويز

" أي نعم، رأيت الشرق، لم أتقدم الى الامام اكثر، لاني ارغب في العودة اليه"

جوستاف فلوبير مراسلات ١٨٥١

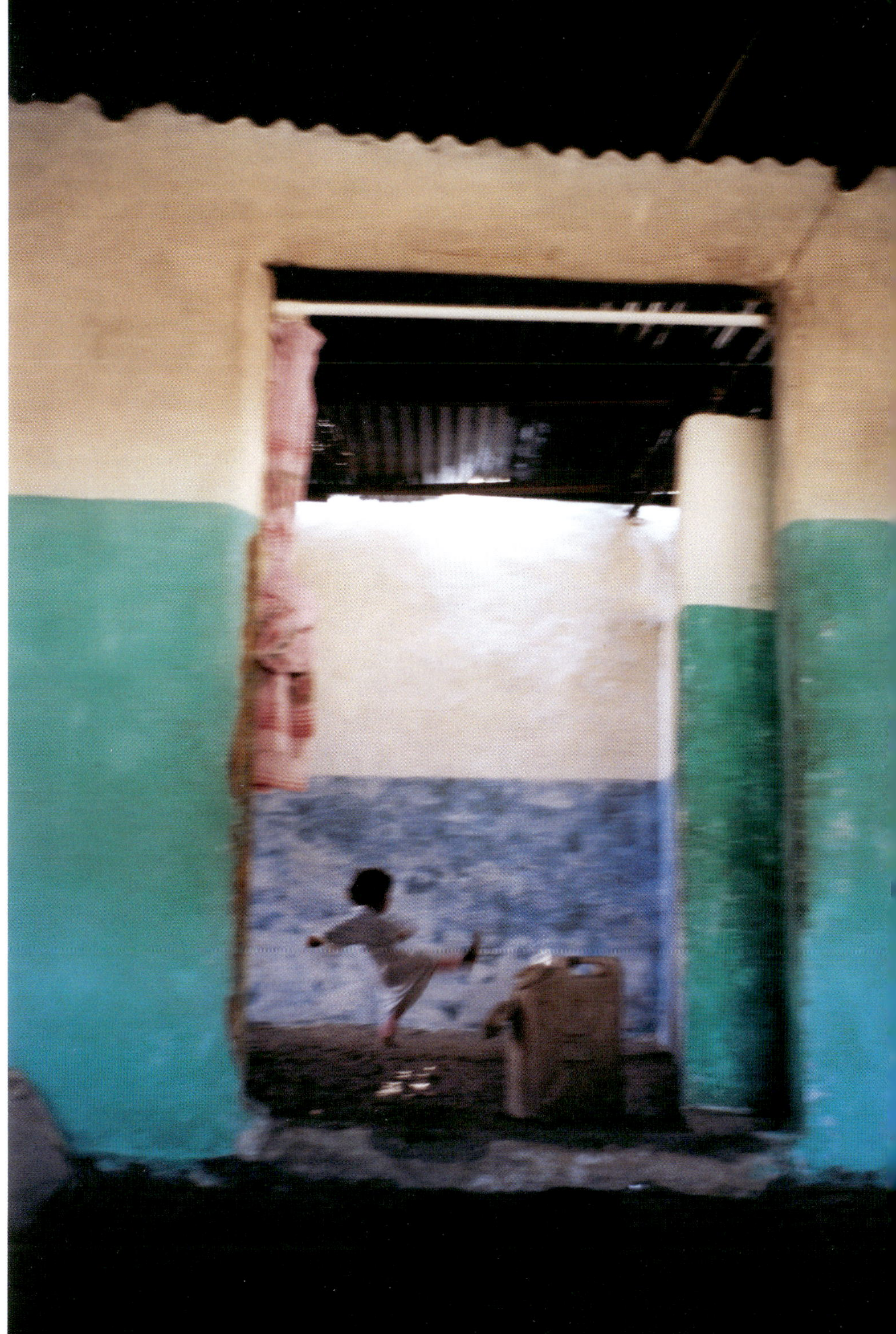

ما زلت أعيش!

الساعة الآن السادسة صباحا في هذا اليوم من شهر فبراير. إنها المرة الأولى التي اجتاز فيها حدودا مشيا على الأقدام! هذا يمنحني إحساسا حقيقيا بالمغامرة. غادرت طابا في سيارة أجرة مكتظة وصوت الراديو كاسيت عن آخره، لأطلق لنفسي العنان في رحلة نحن المجهول. كانت الطريق تمر كمجرى الماء المتدفق يحيطها من الغرب جبال جنوب سيناء. وكلما امتدت المسافة كانت هناك بعض الأكواخ الصغيرة المترامية تحت السماء الصافية على بعد عدة أقدام، إنها المملكة العربية السعودية. فقط باخرة وحيدة تقوم بالربط مع الأردن تتقاسم البحر مع السماء.

في الخارج، شريط ساحلي، رجال يلبسون الثوب ويعتمرون الكوفية، عدة جمال، وبوابة أثرية مفتوحة على الأفق الرملي. البحر الأحمر فيروزي اللون، مصباح يتأرجح فوق طاولة البلياردو، والهواء يحمل معه عبق البحر ويضيع ترانيم الحب من النوافذ المفتوحة.

المحطة النهائية، طربان، وهي قرية ساحلية. ابلغني عيد، السائق، بأنه بدوي وهو الأمر الذي أثار فضولي. قبلت دعوته، ومكثت لدى احدهم على بعد عدة كيلومترات، في الكوخ الصغير الوحيد القائم على حافة الماء. بدأ الأصدقاء والمعارف يتوالون، وكان بعضهم يتقن بعض الكلمات باللغة الانجليزية. في المساء قاموا بشي السمك اللذيذ ودعوني إلى الجلوس حول النار. اقترح علي رجلين من عابري السبيل مرافقتهم إلى قريتهم التي تبعد مسافة يوم من الطريق انطلاقا من هنا، في قلب الصحراء. كانا سعيدين ولطيفين وفخورين بتعريفي بعالمهما. في اليوم التالي، كنت محشورة بينهما في المقعد الأمامي لسيارة النقل المتمايلة، تقطعت أنفاسي من هذه الرحلة.

كانت القرية عبارة عن عدة بيوت إضافية منتشرة هنا وهناك ومتمركزة بدون أي منطق ظاهري. فهي منخفضة ومستطيلة تعلوها أسقف من الصفيح المموج، وفناءات صغيرة داخلية. بعض أعمدة الكهرباء، لا كافيتريات ولا محطات على الطرقات،

It's six o'clock in the morning in this month of February and for the first time in my life I'm crossing a border on foot! It gives me a real sense of adventure. I leave Taba in a crowded taxi, radio-cassette on full blast, and let myself be carried away towards the unknown, totally alert. A deserted road at the water's edge, bordered to the west by the mountains of South Sinai. In the distance, a few huts stand out against a limpid sky, opposite, not far off, is Saudi Arabia. Only a liner heading for Jordan separates sea from sky. Below, a thin strip of beach, men in robes and keffiyeh, a few camels, and a monumental wooden porch opening onto the sandy horizon. The Red Sea is turquoise, a light bulb swings above a billiard table, there's a sea breeze and love songs drift out through the open windows. Last stop: Tarabin, a small coastal village. Aïd, the driver, tells me that he is Bedouin, arousing my curiosity. I accept his hospitality and settle in the home of a friend of his, in a solitary hut at the water's edge. Friends and acquaintances pass through, some speak a few words of English; come evening, they cook beautiful fish and invite me to join them around the fire. Two men passing through suggest that I accompany them to their village, a day's drive away, in the middle of the desert. They are joyful and attentive, proud to introduce me to their world. The next day, wedged between the two of them on the front-seat of a bumpy pick-up truck, the crossing takes my breath away. After the last dunes in the searing sun, the purple slopes of Djebel El-Thi anounce our nearing arrival.

The village is a gathering of scattered houses, arranged without any apparent logic. Low-ceilinged buildings, rectangu-

Still alive !

Il est six heures du matin en ce mois de février et c'est bien la première fois que je traverse une frontière à pied ! Cela me procure un vrai sentiment d'aventure. Je quitte Taba dans un taxi bondé, radiocassette à fond, et me laisse emporter tout à fait éveillée vers l'inconnu. Une route déserte file au ras de l'eau, cernée à l'ouest par les montagnes du Sud-Sinaï. De loin en loin, quelques cabanons plaqués sur un ciel pur, en face, à quelques brasses, l'Arabie Saoudite. Seul un paquebot reliant la Jordanie partage la mer du ciel. En contrebas, une étroite bande de plage, des hommes en robes et keffiehs, quelques chameaux, un porche monumental en bois ouvert sur un horizon de sable. La mer Rouge est turquoise, une ampoule se balance au-dessus d'un billard, le vent apporte l'odeur de la mer et les chansons d'amour se perdent par les fenêtres ouvertes.

Terminus Tarabin, petit village côtier. Aïd, le chauffeur, me dit qu'il est bédouin et suscite ma curiosité. J'accepte son invitation et m'installe chez l'un de ses proches à quelques kilomètres, dans l'unique cabanon posé au pied de l'eau. Amis et connaissances se succèdent, certains parlent quelques mots d'anglais, le soir ils font griller de beaux poissons et me convient autour du feu. Deux hommes de passage me proposent de les accompagner dans leur village, à une journée de piste d'ici, au milieu du désert. Ils sont joyeux et prévenants, fiers de me faire découvrir leur univers. Le lendemain, coincée entre eux sur la banquette avant d'un pick-up bringuebalant, la traversée me coupe le souffle. Dernières dunes au soleil rasant, les flancs mauves du djebel El-Thi annoncent l'arrivée prochaine.

ولا حتى أي مظهر من مظاهر التجارة. في هذا المكان، إما أن نكون مدعوين أو نضيع. أحسست بقشعريرة لشعوري باني مسلوبة حرية القرار.

لكن الترحيب كان مذهلا. فالنسوة يقمن بالمسح بأيديهم على الجباه المنحنية للرجال، ثم يقمن بتحيتي بقبضة اليد ليضعنها بعد ذلك على قلوبهن. جن الظلام وفي لمح البصر، تم وضع قطعة قماش مشمعة على الأرض، طبق مشترك من الأرز وخروف، إناء يقوم بالالتفاف بين الحضور، ومحاطة بعدة رجال انضموا إلينا يتحدثون لغة لا افهمها، أحسست براحة وبسعادة فائقة. إنها بداية قصة حب طويلة بين هؤلاء الناس وبيني، بين هذا البلد وبيني.

"٥٦٠٠٠ كلم من لا شيء" كما كتب لوتي، الخلاء، لقد أصبح البلد الخالي جنتي، عائلتي الثانية. بعد مدة من الزمن، كنت أجوب هذه الصحراء من خليج العقبة إلى خليج السويس، من رفح إلى ذهب، من أبو زنيمة إلى نخل، ومن سرابيت إلى رأس أبو غلوم...

ومع مرور الأيام، ويم بعد يوم، كنت أصور رحلتي. كل ما يحصل لي، كل ما يحيط بي، كل ما يعترضني.

ديكوراتي هي الصحراء، تنقلاتنا، محطاتنا. خطي المرشد هو هم.

كنت أصور كل من دعاني، وكل من طلب مني وكل من وقف أمامي. أنهم في قلب هذا المشروع. فالحركات والضحكات تنوب عن الكلام. الزمن يختلف وكذلك الناس. الصيف شديد الحرارة. ومن ظل إلى آخر، نتلمس أي تيار هواء، أي موجة ريح. لا ادري في أي يوم نحن. نحن نعيش الحاضر.

التصوير أمر نادر بالنسبة لهم وآلة التصوير لا تجعلهم أبدا غير مبالين. بدأ نوع من التواطؤ ياخذ مكانه بيننا. فالرجال يمزحون في أوضاع شهوانية، النساء كن تطيرن خماراتهن السوداء المطرزة باللؤلؤ البراق. محول الكهرباء يعمل لعدة ساعات في اليوم، والشيخ يمتلك جهاز تلفزيون مع هوائي مكافئ تم وضعه تحت النجوم. الجميع مستفيد من ذلك،

lar, with corrugated iron roofs and outside courtyards. The odd electric pylon. There's no café, nor station, not even a local store. Here, either you're a guest, or you're lost. I suppress as small shiver at the idea of being so dependent on the will of others.

Yet the welcome is impressive. The women lightly touch the mens' bowed foreheads with their fingertips, then greet me with a hand placed quickly over the heart. Night falls, in a matter of seconds. There is a sheet of lino on the ground, a shared dish of rice and mutton, a cup of water that does the rounds; surrounded by a few men who have joined the gathering and who speak a dialect I don't understand, I feel happy and at ease. It is the beginning of a long love story between myself and this people, this country.

«56 000 km of nothing» wrote Loti, the Khâla; this empty country is to become my Eden, my second family. Later on I will travel the desert from the Gulf of Aqaba to the Gulf of Suez, from Rafah to Dahab, from Abu-Zenima to Naqhl, from Sarabit to Ras Abu Galium.

Day after day I photograph my journey. What's going on, what surrounds me, the people I meet. My backdrop is the desert, our travels and halts. I photograph my hosts, those that ask me to, those that pose. These are my guiding lines. Gestures and laughter replace the spoken word. Time seems different, the people too. It's a hot summer. From one area of shade to another, we reach for each breath of air, each lift of the breeze. I no longer know which day it is; we live in the present.

Photography is a rarity for them and my camera never leaves them indifferent. A joyful complicity develops. The men joke

Le village est une addition de maisons éparses, posées sans logique apparente. Basses, rectangulaires, toits de tôle ondulée, courettes extérieures. Quelques poteaux électriques. Pas de cafétéria ni de gare routière, pas même un commerce. Ici on est invité ou on est perdu. J'ai un petit frisson à l'idée d'être ainsi démunie de mon libre arbitre.

Mais l'accueil est impressionnant. Les femmes effleurent de leurs doigts les fronts inclinés des hommes, puis me saluent d'une poignée de main, posée aussitôt sur le cœur. La nuit est tombée, en quelques secondes un bout de toile cirée à même le sable, un plat commun de riz et de mouton, un gobelet d'eau qui fait le tour de l'assemblée et, entourée de quelques hommes qui nous ont rejoints et qui parlent un langage que je ne comprends pas, je me sens à mon aise et heureuse. C'est le début d'une longue histoire d'amour entre ces gens et moi, entre ce pays et moi.

"56 000 km de rien", écrivait Loti, la Khâla, le pays vide deviendra mon éden, ma seconde famille. Plus tard je parcourrai ce désert du golfe d'Aqaba au golfe de Suez, de Rafah à Dahab, d'Abu-Zenima à Naqhl, de Sarabit à Ras Abu Galum…

Jour après jour je photographie mon voyage. Ce qui advient, ce qui m'entoure, ceux que je croise. Mes décors sont le désert, nos déplacements, les escales. Je photographie ceux qui m'invitent, ceux qui demandent, tous ceux qui posent. Mon fil d'Ariane, ce sont eux. Les gestes, les rires remplacent la parole. Le temps est différent, les gens également. L'été est chaud. D'une ombre à l'autre, on aspire chaque courant d'air, chaque vague de vent.

around in lascivious poses, the women send their veils flying, all embroidered with brightly colored beads. In the village the generator is on several hours every day, and the sheik has a satellite dish, a television set up under the starry sky. Everyone benefits, a naked light-bulb flickering above the screen, we switch channels, to football, live concerts from Arabia, Egyptian melodrama, CNN, there is much laughter.

Some have never seen a foreigner, request my presence.

In the face of such novelty, constant surprises, and so much good will, I enter into the rythm of things, let myself go. I gain the trust of the women who show me their private quarters. In their brightly colored robes, between a heart-shaped clock and a stylized palm tree on the wall, the Bedouin pose with all the seriousness and attention that this new experience requires. They smoke, raising their veil with one hand. I fall in love with this cheerful and curious people, who consent to pose for me, and do so with delight.

Thus, between reality and fiction, I photograph this inner journey that bears witness to my experience, guided by my inspiration; play and staging bring us together, beyond our different cultures, for a moment of shared happiness.

At each meeting, I am greeted with the words: «still alive!»

These photographs are the illustration of the humour, enthusiasm and modernity of a little-known people.

Forgotten, destitute but alive!

Scarlett Coten

translated from French by Erin Lawlor

مصباح عار يترنح فوق الشاشة، فهي تلتقط كرة القدم والحفلات مباشرة من السعودية والمسلسلات المصرية وقناة سي.ان.ان، الجميع يضحك.
بعضهم لم ير قط امرأة غريبة، فهم تطالبون بحضوري.

أمام كل هذه المستجدات والمفاجآت والحفاوة الطيبة، اندمجت في الإيقاع وذبت فيه. حزت على ثقة النسوة اللاتي أطلقن العنان لأنفسهن في ديكورات خصوصياتهن. ففي فساتينهن الزاهية، بين الساعة على شكل قلب ونخلة مرسومة على الحائط،، كانت البدويات تتخذن وضعيات التصوير بكل الجدية والاهتمام التي تستدعيها هذه التجربة الجديد. كن يدخن، وهن يرفعن الخمار بأحد اليدين.

أحب هؤلاء الناس المرحين، الفضوليين الذي يتخذون وضعية التصوير وهم مستسلمون بكل تلذذ.

عندئذ، بين الواقع والخيال، أقوم بتصوير الرحلة الداخلية، أدون شهادتي حول تجربتي، اتبع خيط إلهامي، حيث تجمعنا اللعبة والإخراج بعيدا عن ثقافاتنا الخاصة، لنخوض في لحظة سعادة متبادلة. وكلما التقيت أحدا، يكون الاستقبال بهذه الكلمات "أما زلت تعيشين"

هذه الصور هي تعبير عن خفة الروح والحماس والتطور التي يتمتع بها شعب لم يتم تقديره كما ينبغي، منسي، ومهدد ولكنه شعب حي!

سكارليت كوتن

الترجمة من الفرنسية: سمير جدي

Je ne sais plus quel jour nous sommes.
On vit au présent.
La photographie est une rareté pour eux
et mon appareil ne les laisse jamais indif-
férents. Une joyeuse complicité s'installe.
Les hommes plaisantent dans des poses
lascives, les femmes font voler leurs voiles
noirs brodés de perles flamboyantes. Au
village, le générateur tourne quelques
heures par jour, et le cheik possède une té-
lévision à antenne parabolique, installée
sous les étoiles. Tout le monde en pro-
fite, une ampoule nue vacille au-dessus de
l'écran, on zappe, foot, concert en direct
d'Arabie, mélo égyptien, CNN, on rit.
Certains n'ont jamais vu d'étrangère, on
réclame ma présence. Devant tant de nou-
veauté, de surprises, de bienveillance, je
rentre dans le rythme, je me fonds. J'obtiens la confiance des femmes, qui se li-
vrent dans leurs décors intimes. Dans leurs
robes vives, entre une pendule en forme
de cœur et un palmier stylisé sur le mur,
les Bédouines posent avec tout le sérieux
et l'attention qu'une expérience nouvelle
exige. Elles fument, soulevant d'une main
le voile. J'aime ces gens gais, curieux, qui
posent consentants. Avec délectation.
Alors, entre réalité et fiction, je photographie le voyage intérieur, je témoigne
de mon expérience, suivant le fil de mon
inspiration, où jeu et mise en scène nous
réunissent, au-delà de nos propres cultures,
pour un moment de bonheur partagé.
A chaque retrouvaille, je suis accueillie par
ces mots : "Still alive !"

Ces photographies sont l'illustration de
l'humour, de l'enthousiasme et de la mo-
dernité d'un peuple méconnu.
Oubliés, démunis, mais vivants !

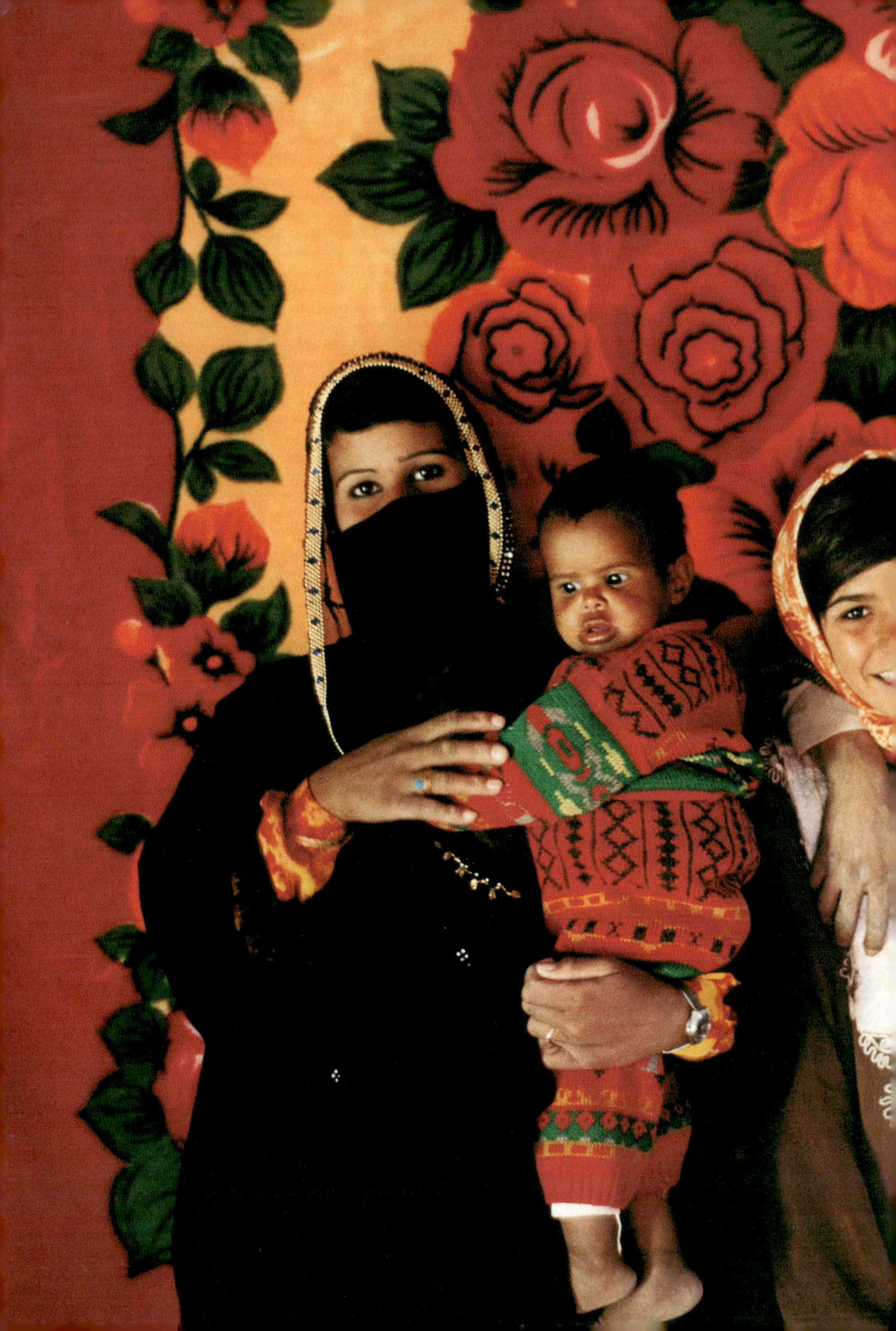

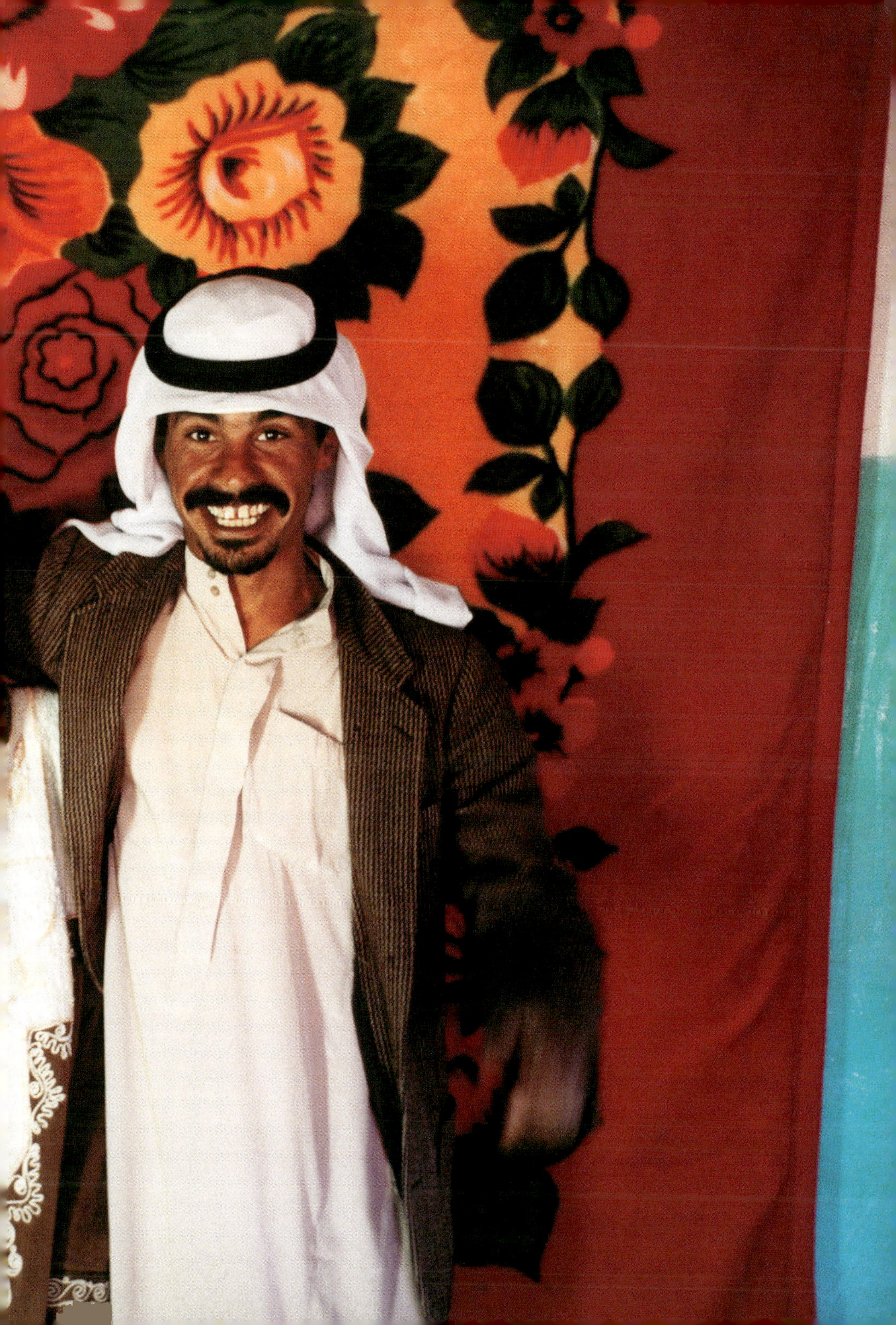

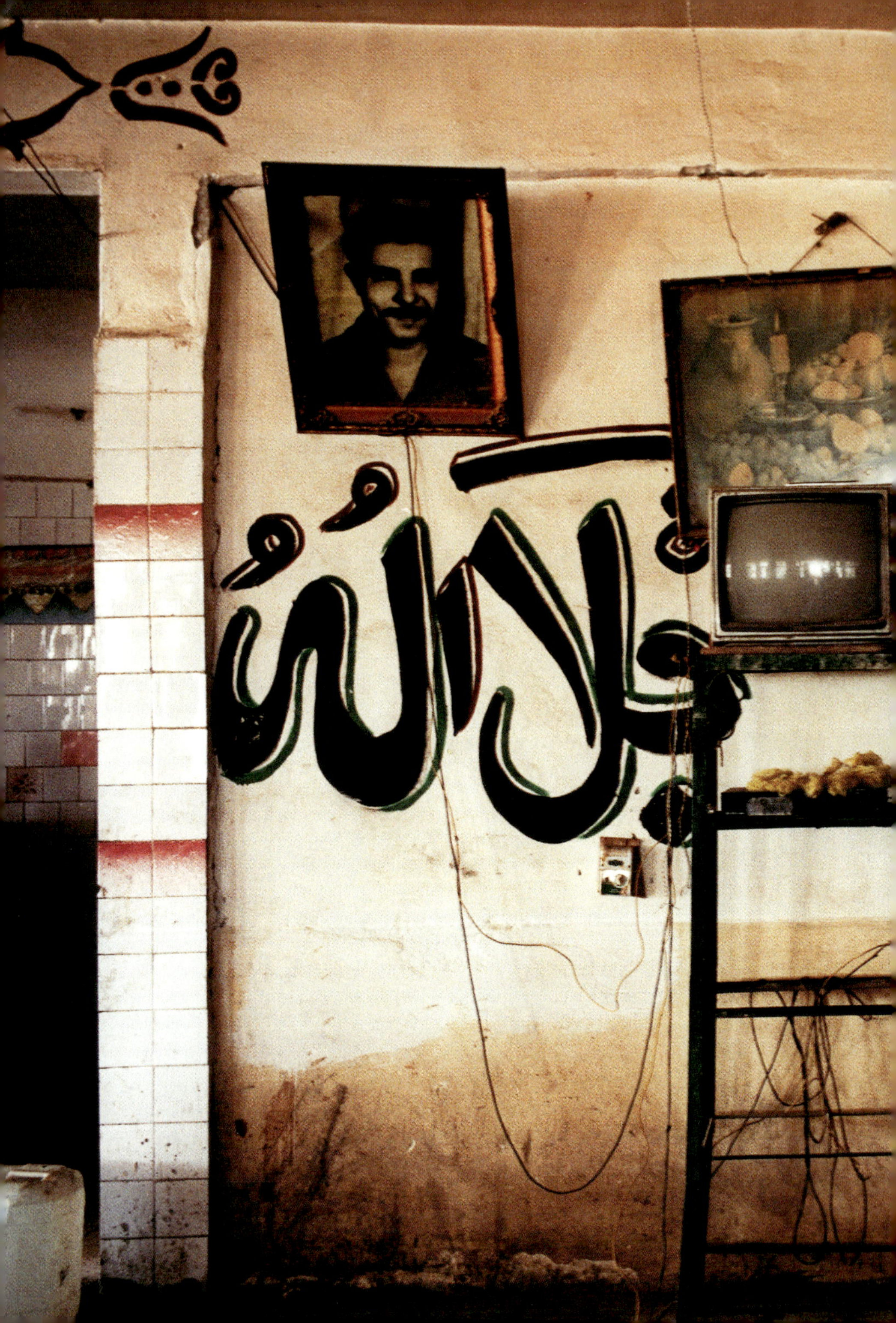

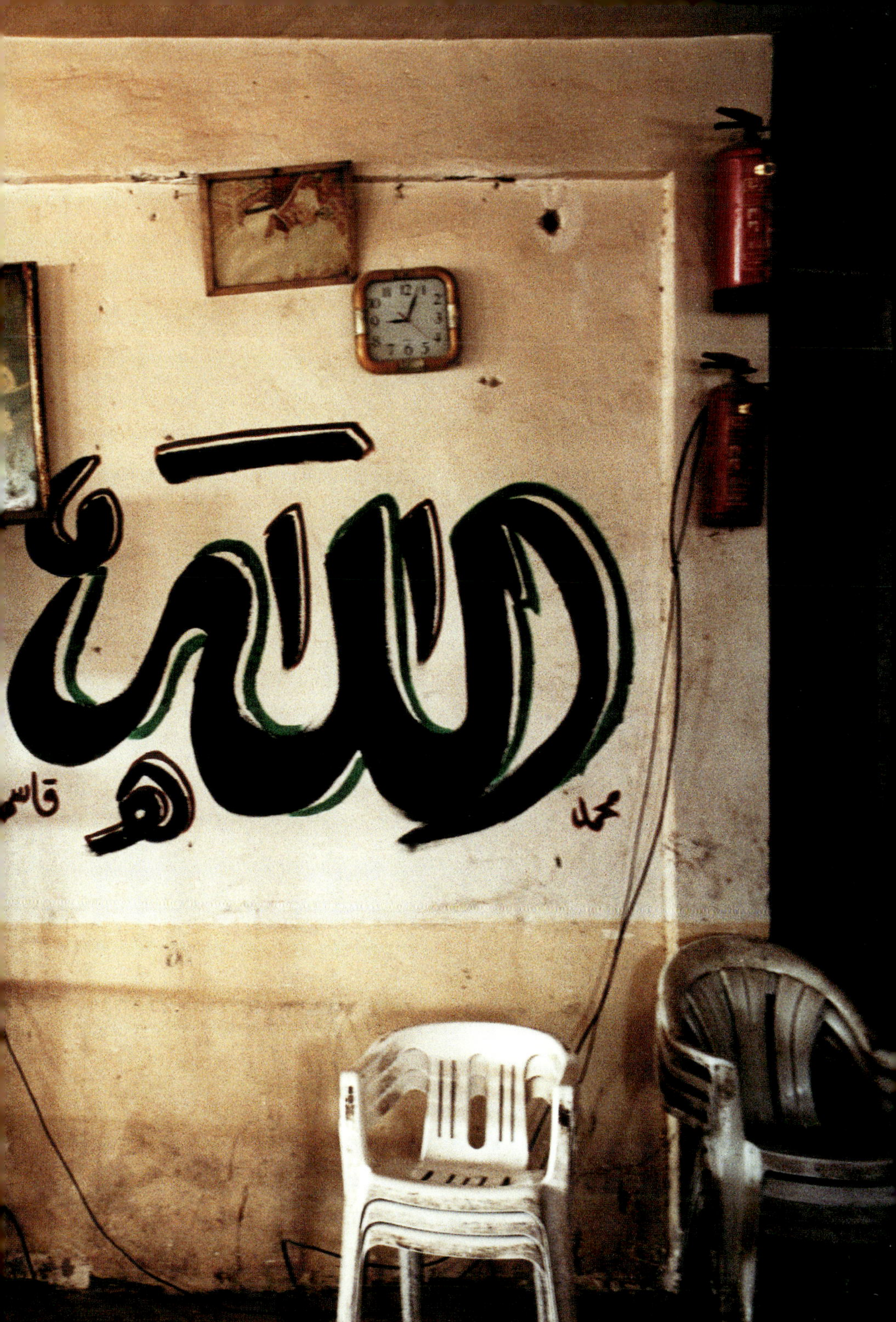
الله
قاسم
محمد

As soon as the cock crows, the motors of
the pick-up trucks start running in the
village. The men carry on criss-crossing the
desert. On the beaten tracks, "Toyotas" and
"Datsuns", with dash boards decorated like
alters, are more usual than camels. Visiting
relatives or doing favors for friends are part
of the nomadic ritual. A tea, a cigarette, a
cassette of Lebanese music, and we share the
latest happenings, news and the passing time.

Dès le chant du coq, les moteurs des pick-
up ronronnent dans le village. Les hommes
continuent de sillonner leur désert. Sur les
pistes, les Toyota et les Datsun, aux tableaux
de bord décorés comme des autels, sont
plus courantes que les chameaux. Visiter un
parent ou rendre service à des connaissances
fait partie du rituel nomade. Un thé, une
cigarette, une cassette de musique libanaise,
et l'on partage les dernières nouvelles, les
infos et le temps qui passe.

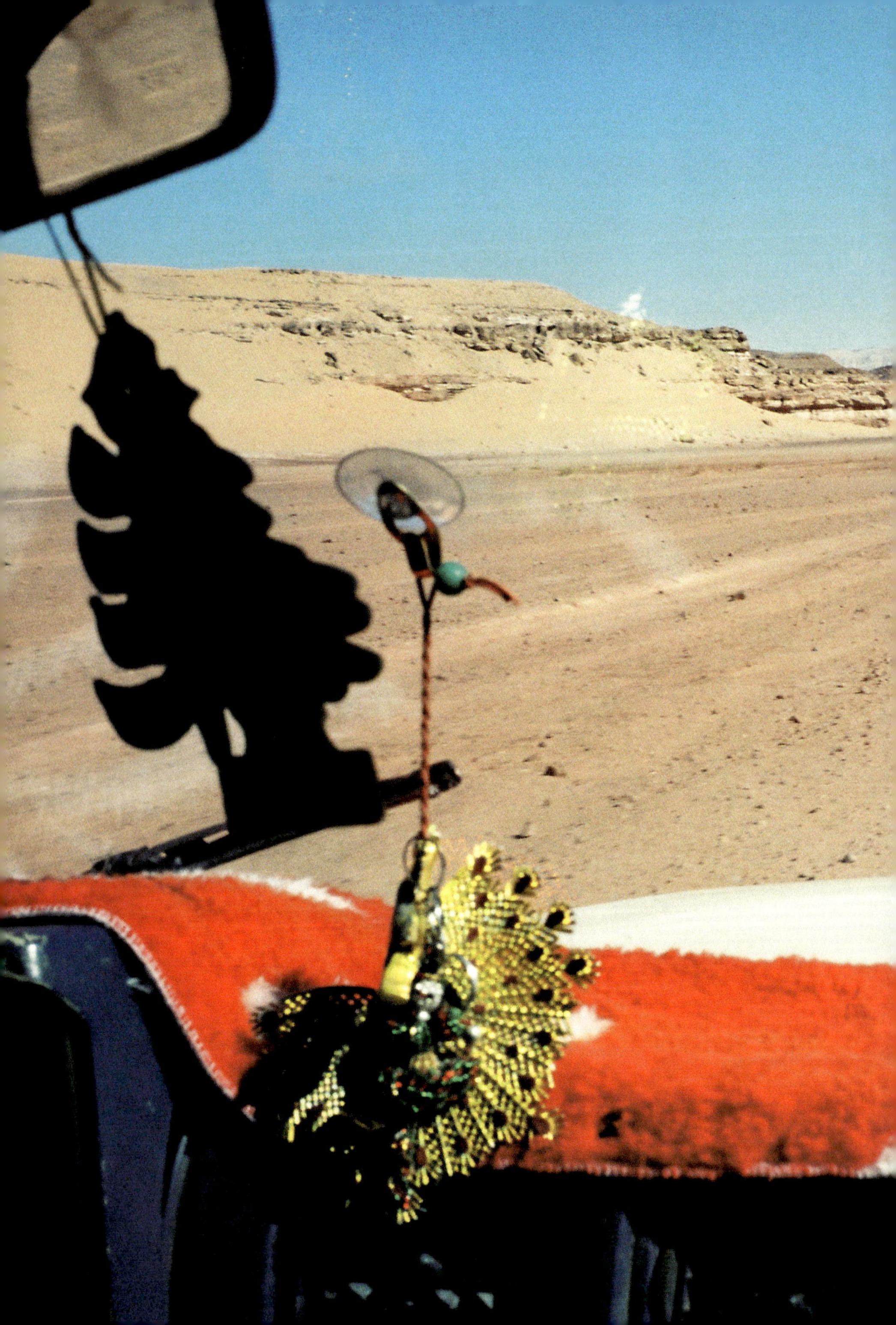

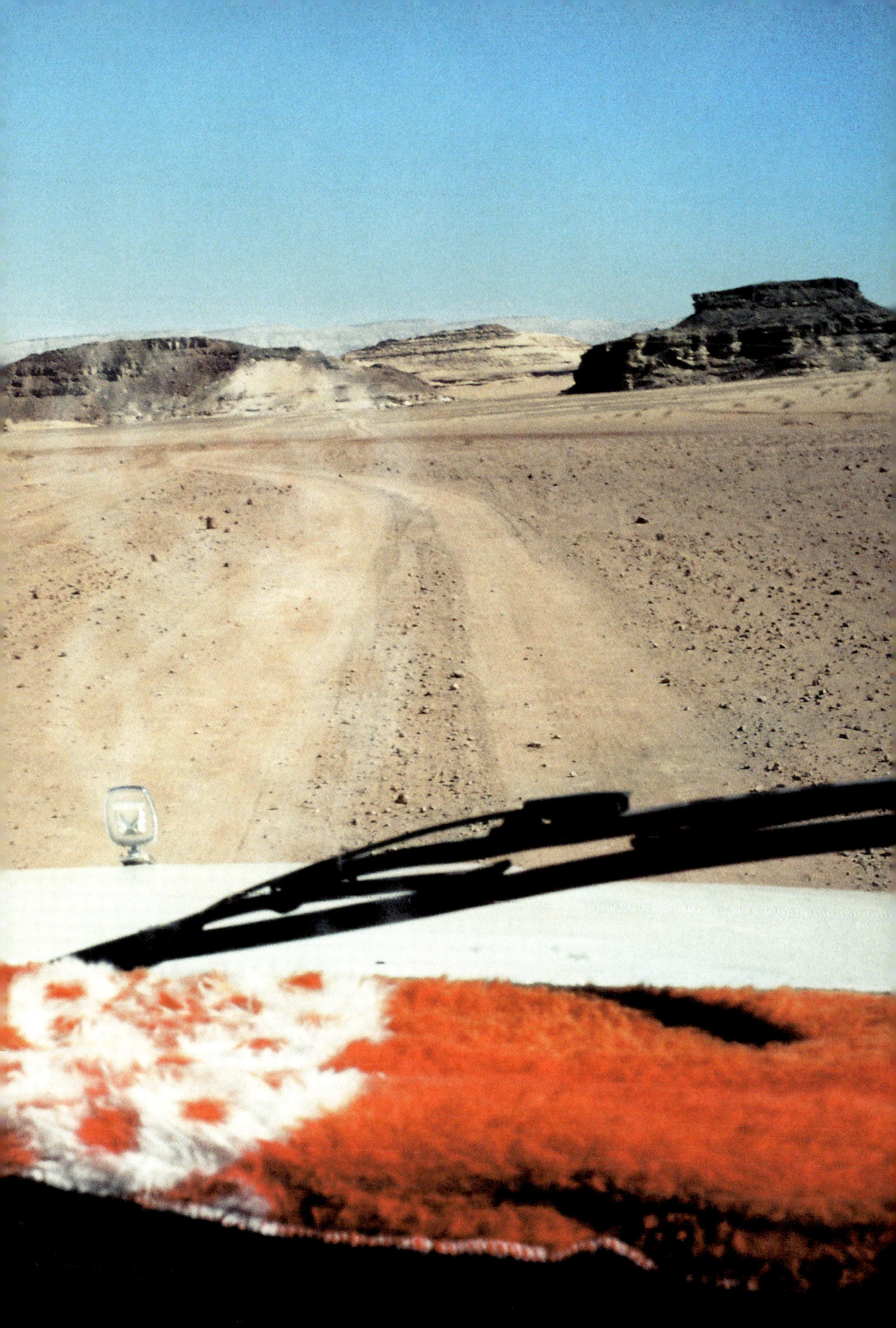

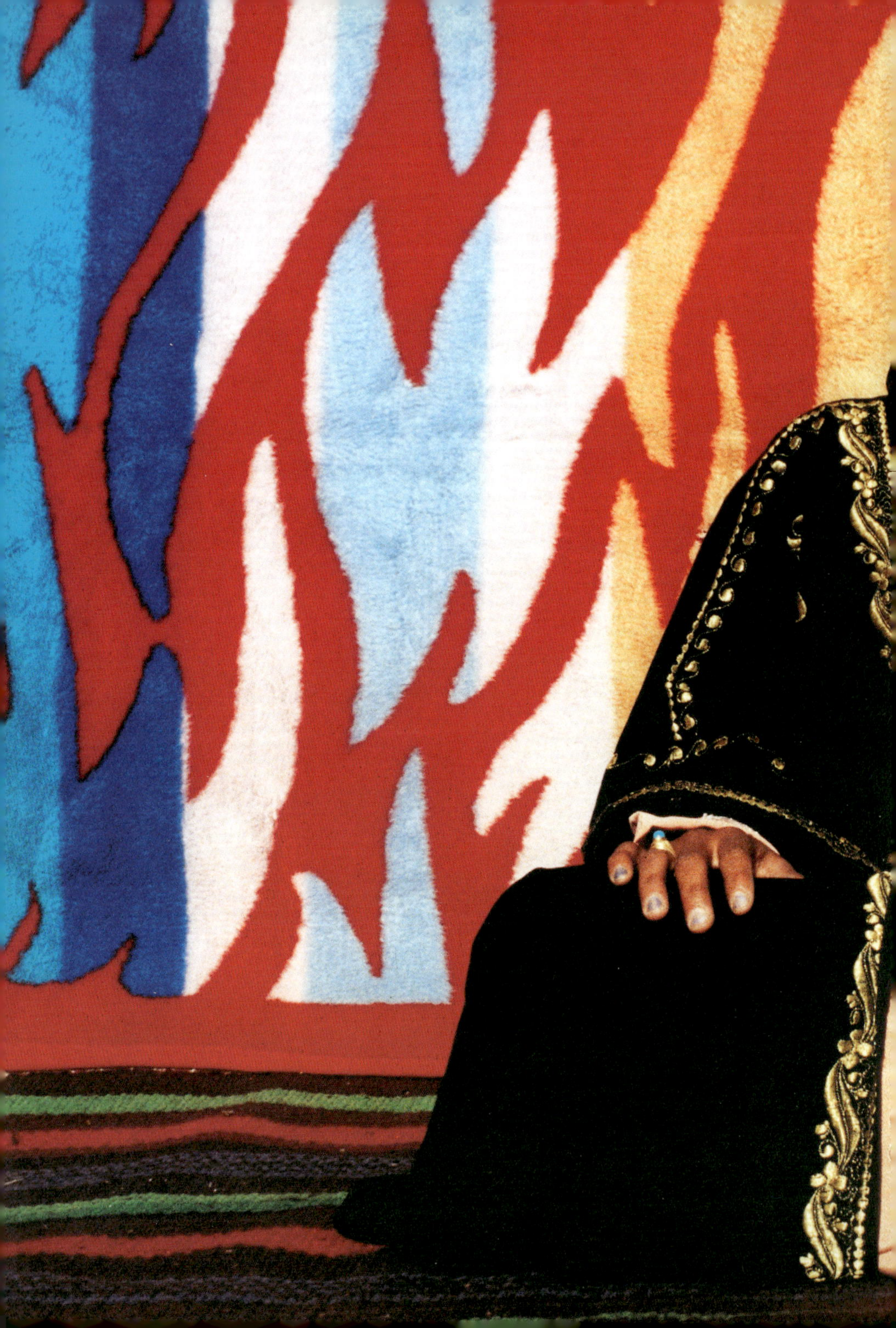

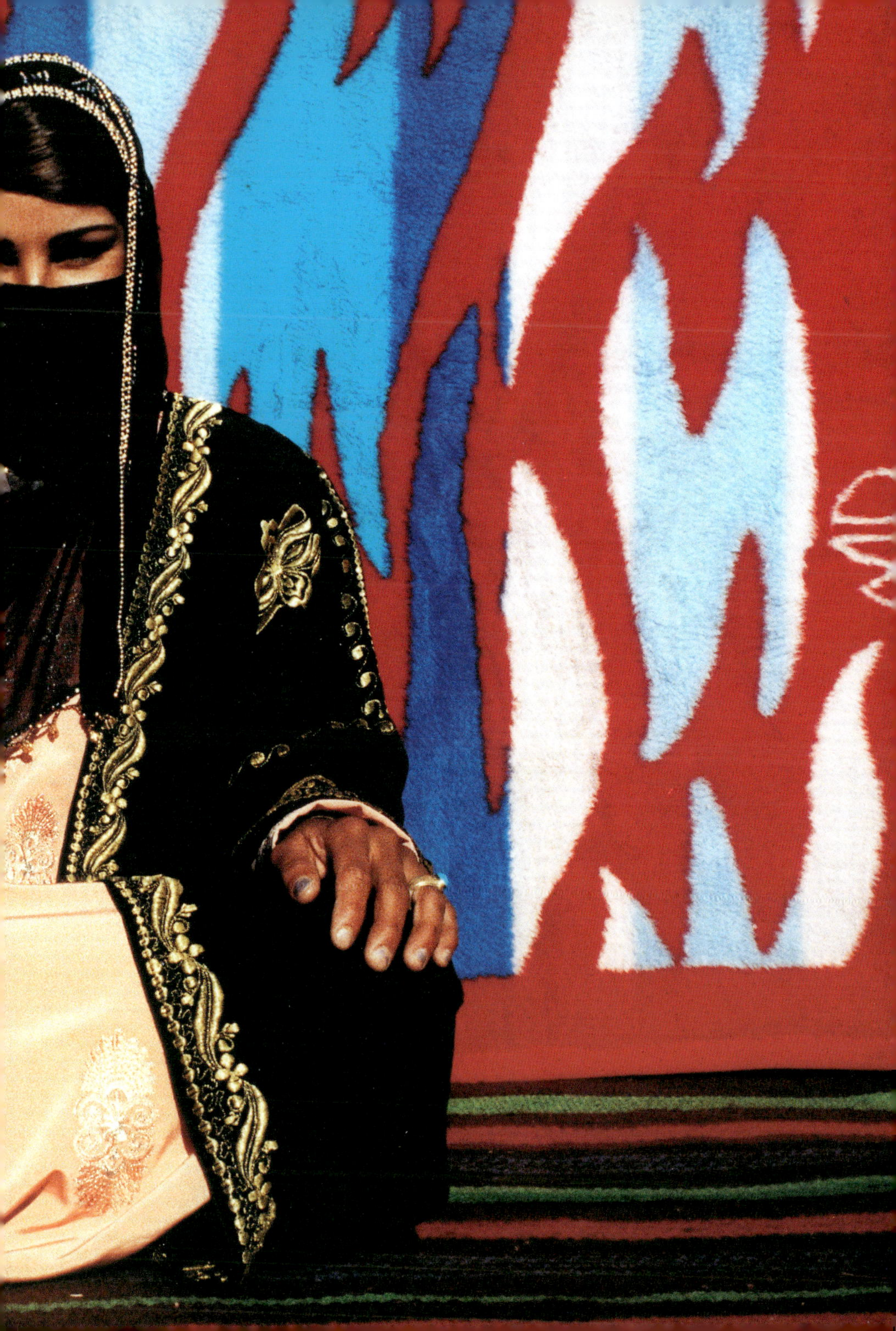

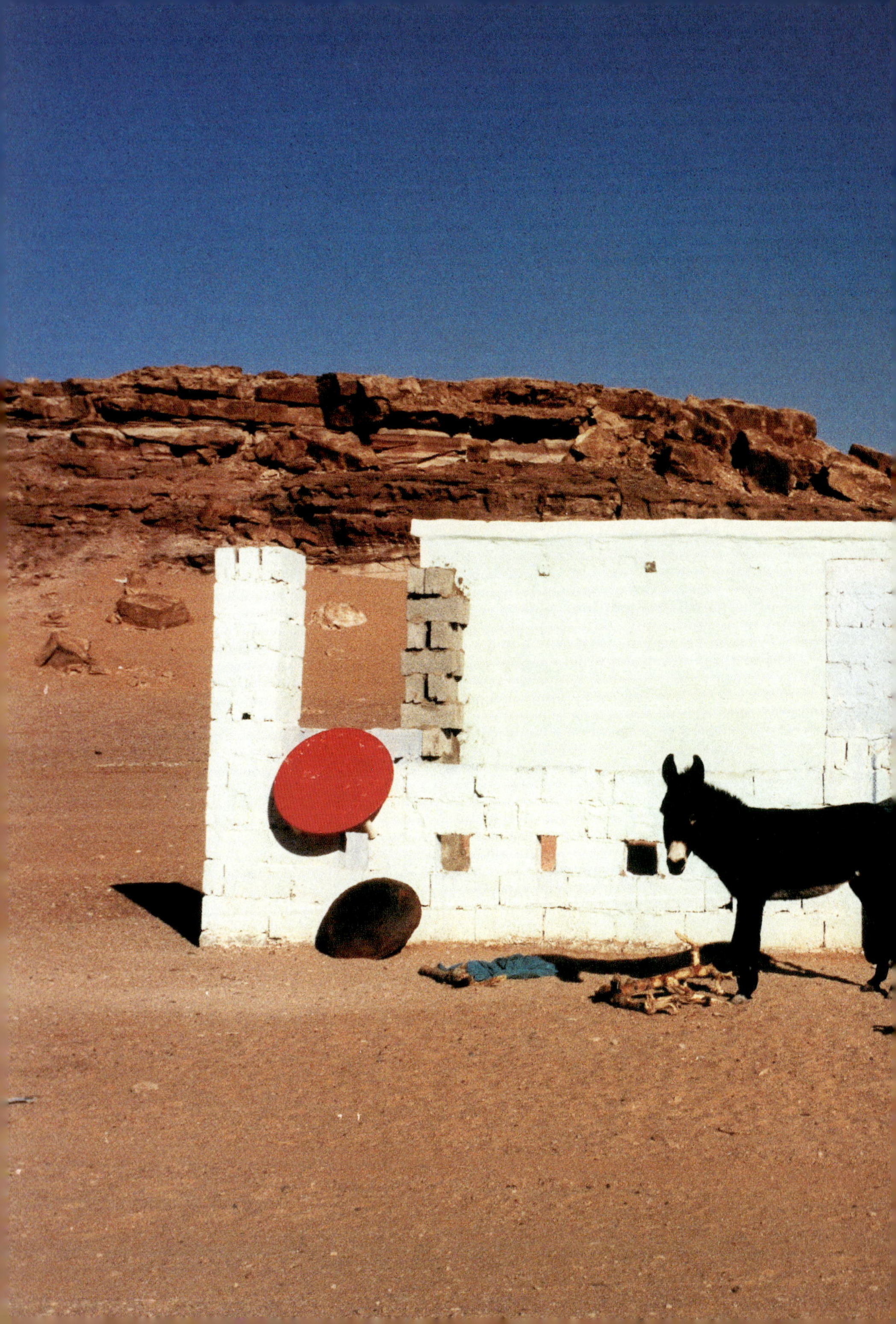

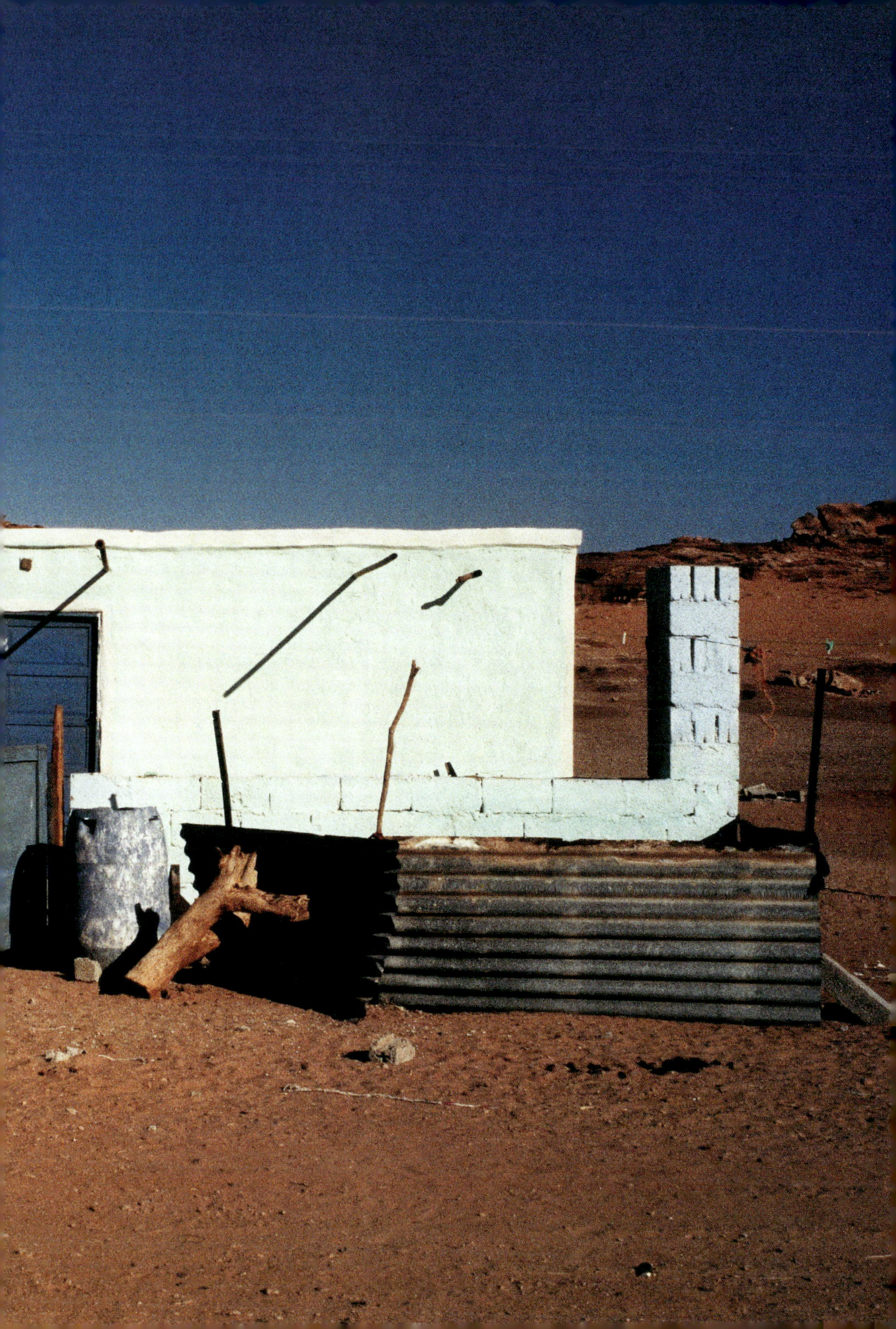

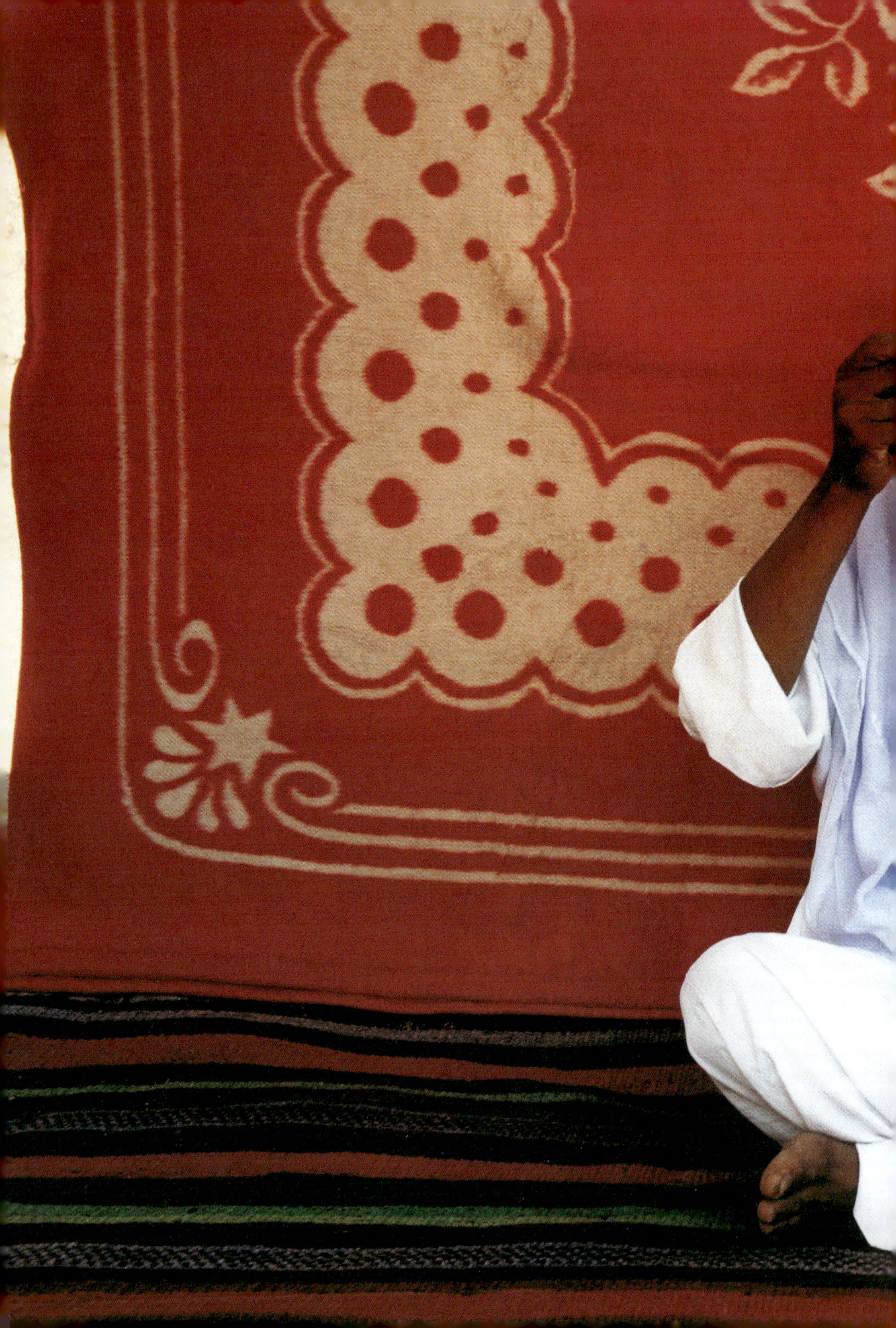

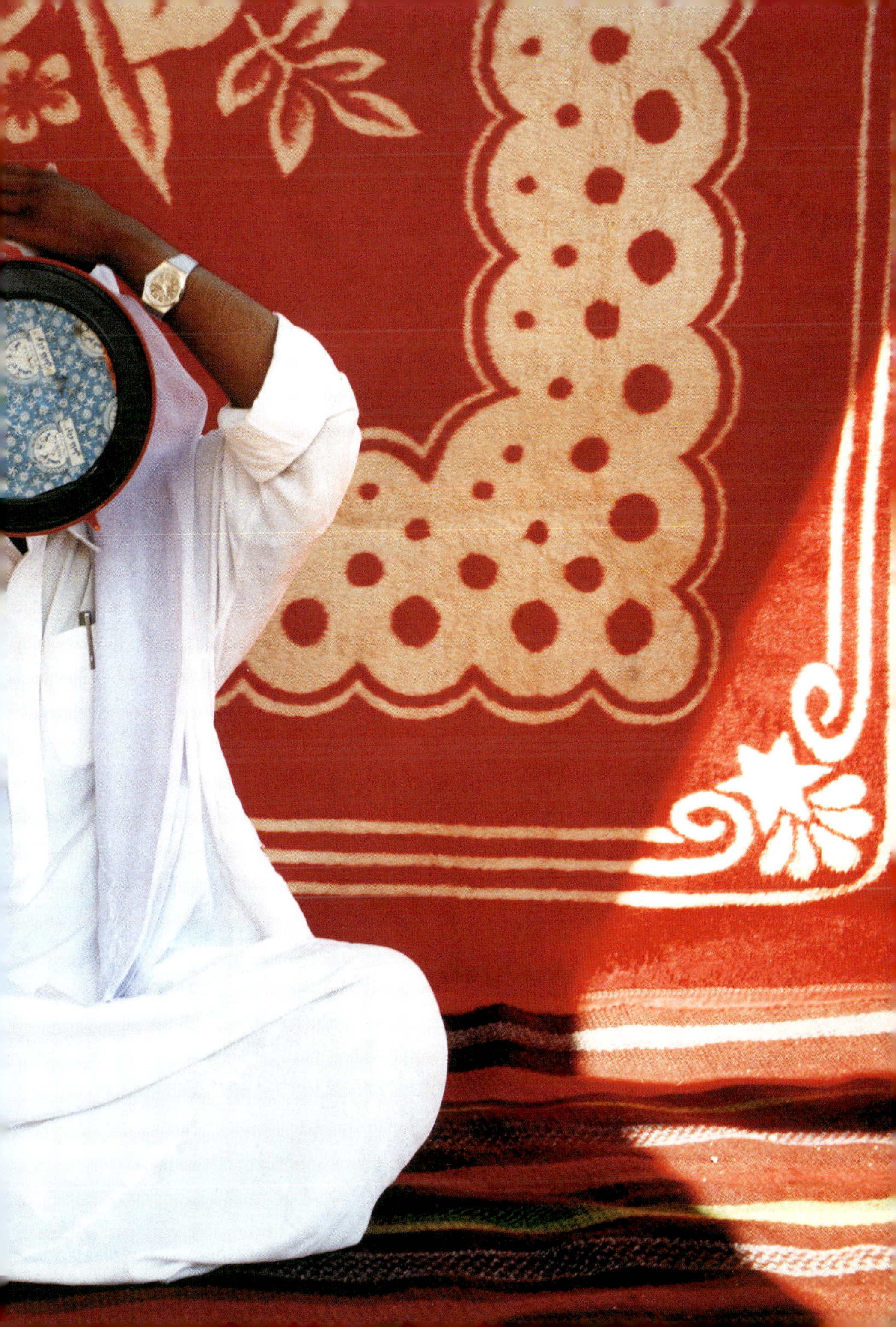

غنج الرجال
امام هدفي يبرز المشط والمرآة كما السحر... من احد الجيوب، من تحت السجادة. اشعر بالسعادة لذلك. احيانا انطلق قبل ان يتخذوا الوضعية، وفي كل مرة يمتعضون من ذلك وهم يضحكون.
ثم بعد ذلك اقوم بالرسومات "الحقيقية" و عندها يلعبون بكوفياتهم ويعرضون وجوههم لي بكل فخر.

In front of my camera the comb and mirror appear as if by magic…from a pocket, under a rug. It amuses me. Sometimes I press the shutter before they pose, and each time the men object laughingly.
Then I do the "real" portraits, in which, playing with their keffiyehs they proudly offer up their faces.

Devant mon objectif le peigne et le miroir
surgissent comme par magie d'une poche,
d'un dessous de tapis. Je m'en amuse.
Parfois je déclenche avant qu'ils ne posent,
chaque fois, ils s'en offusquent tout en riant.
Puis, je fais les "vrais" portraits, lorsque,
jouant de leurs keffiehs, les hommes m'offrent
fièrement leurs visages.

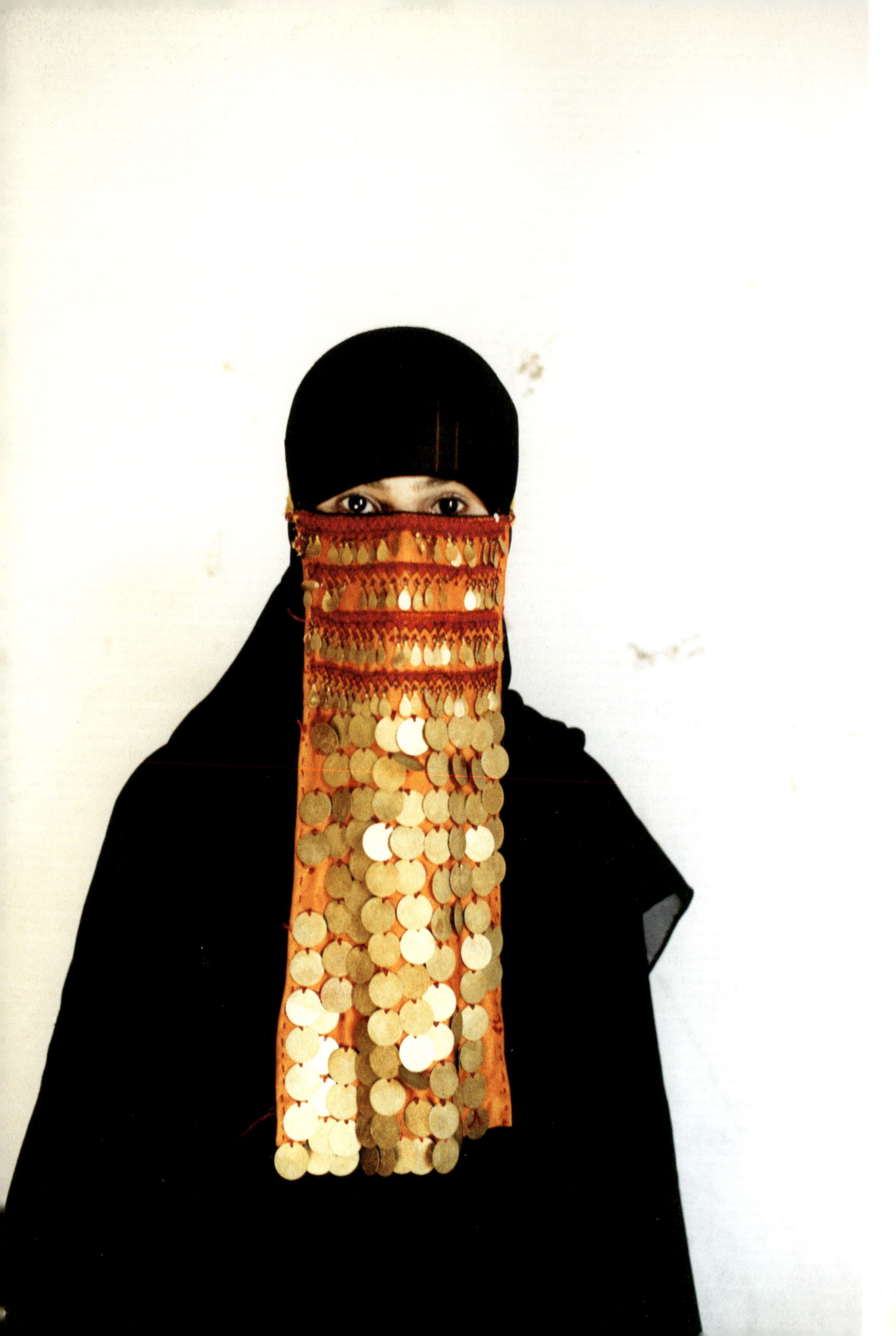

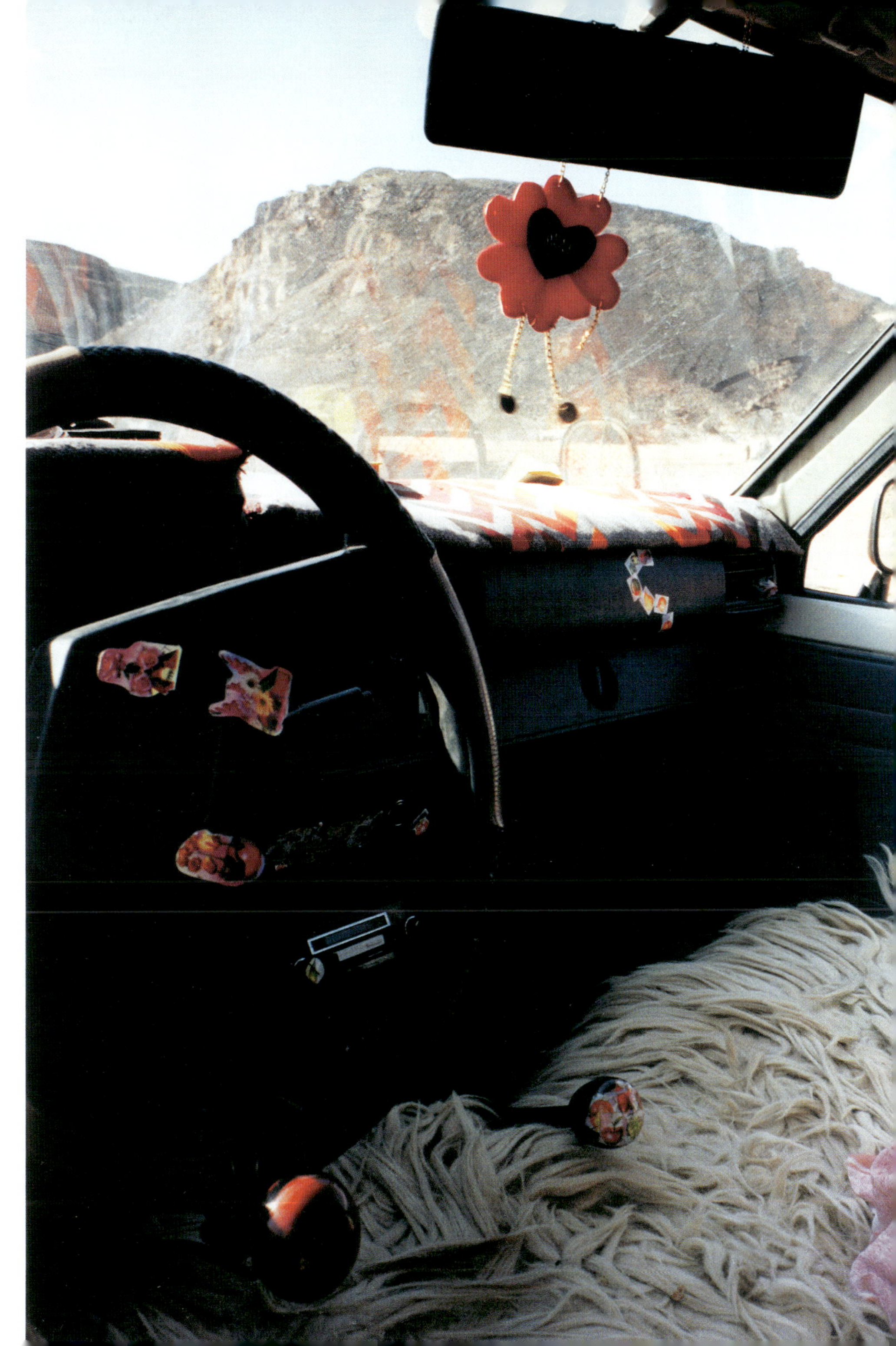

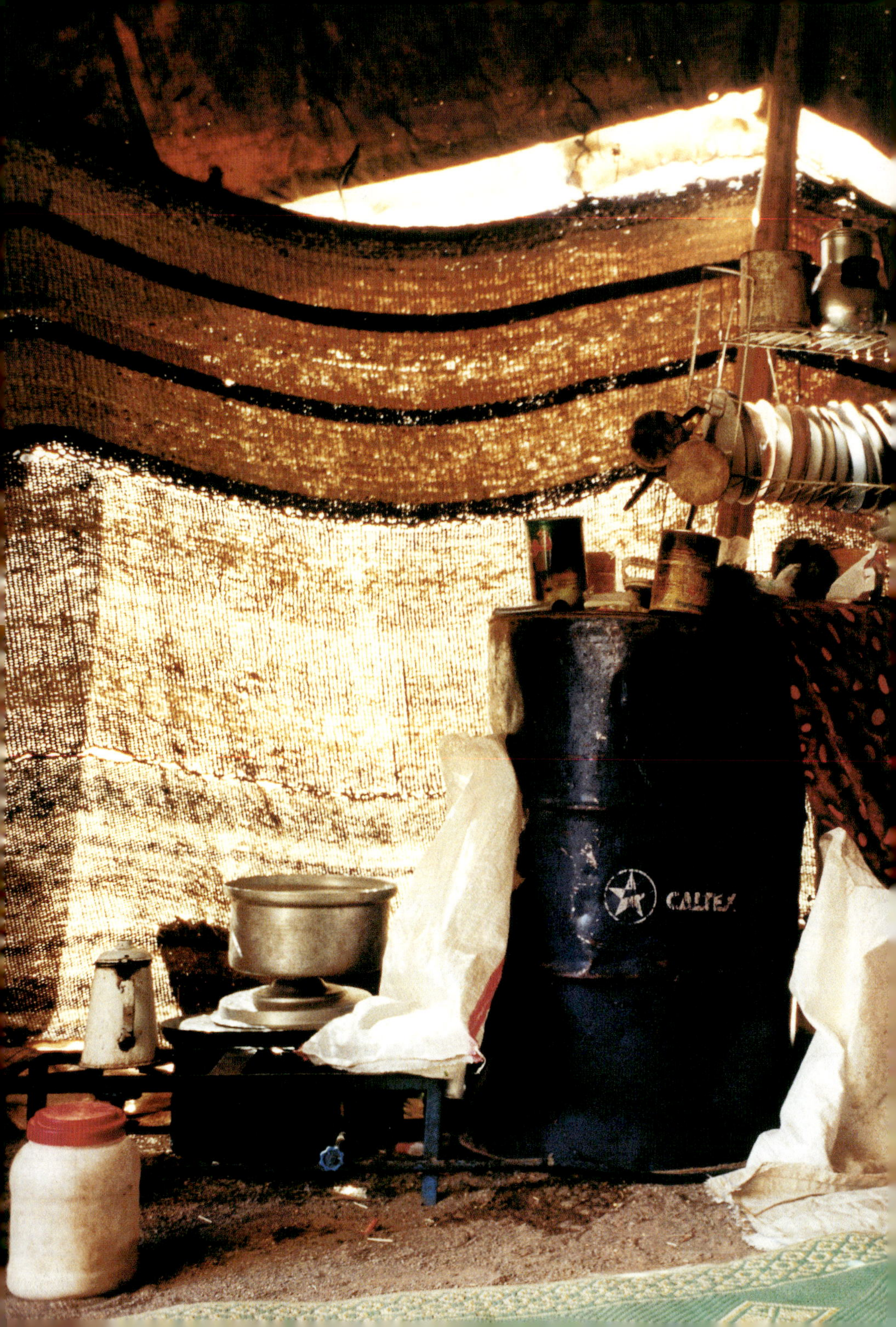

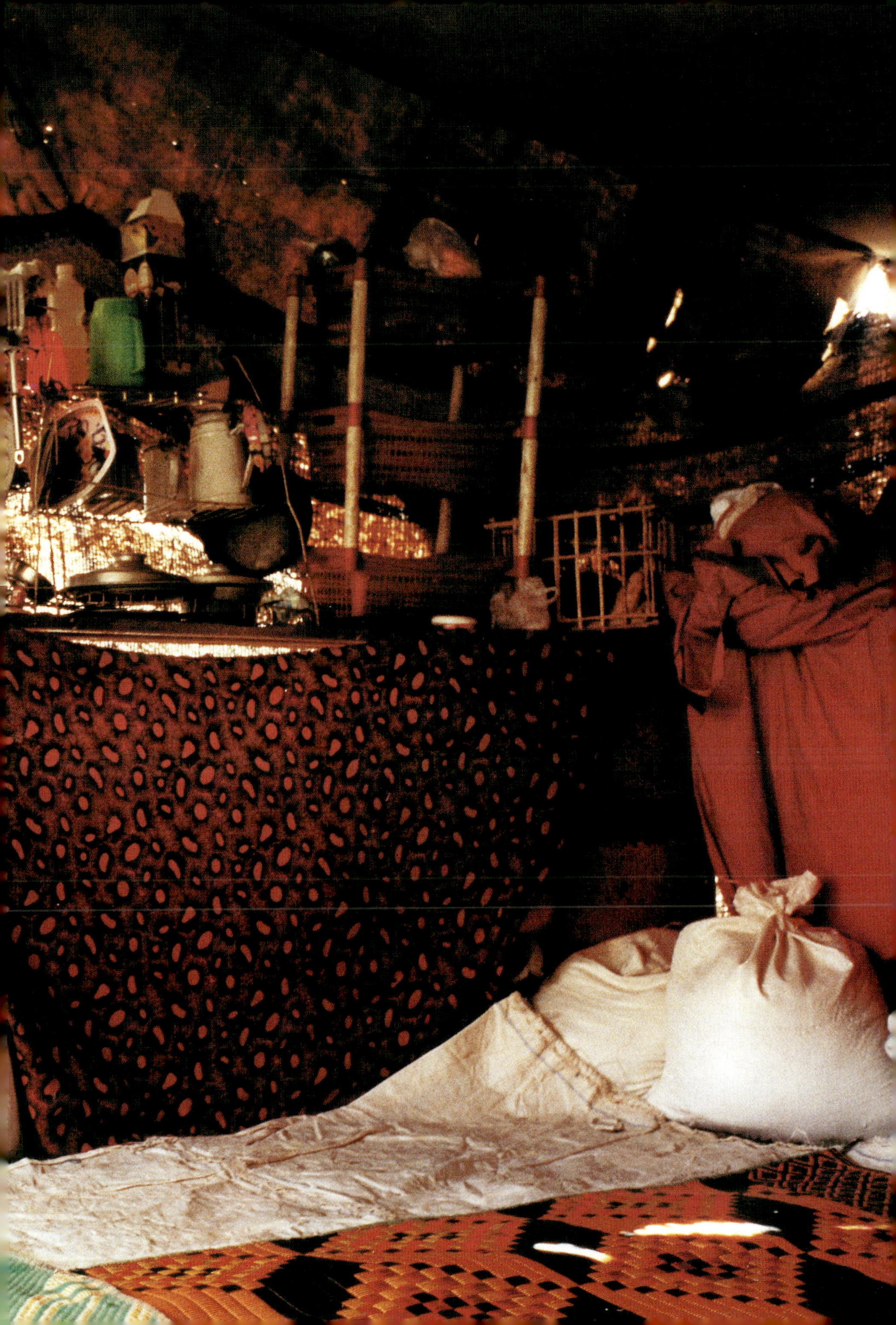

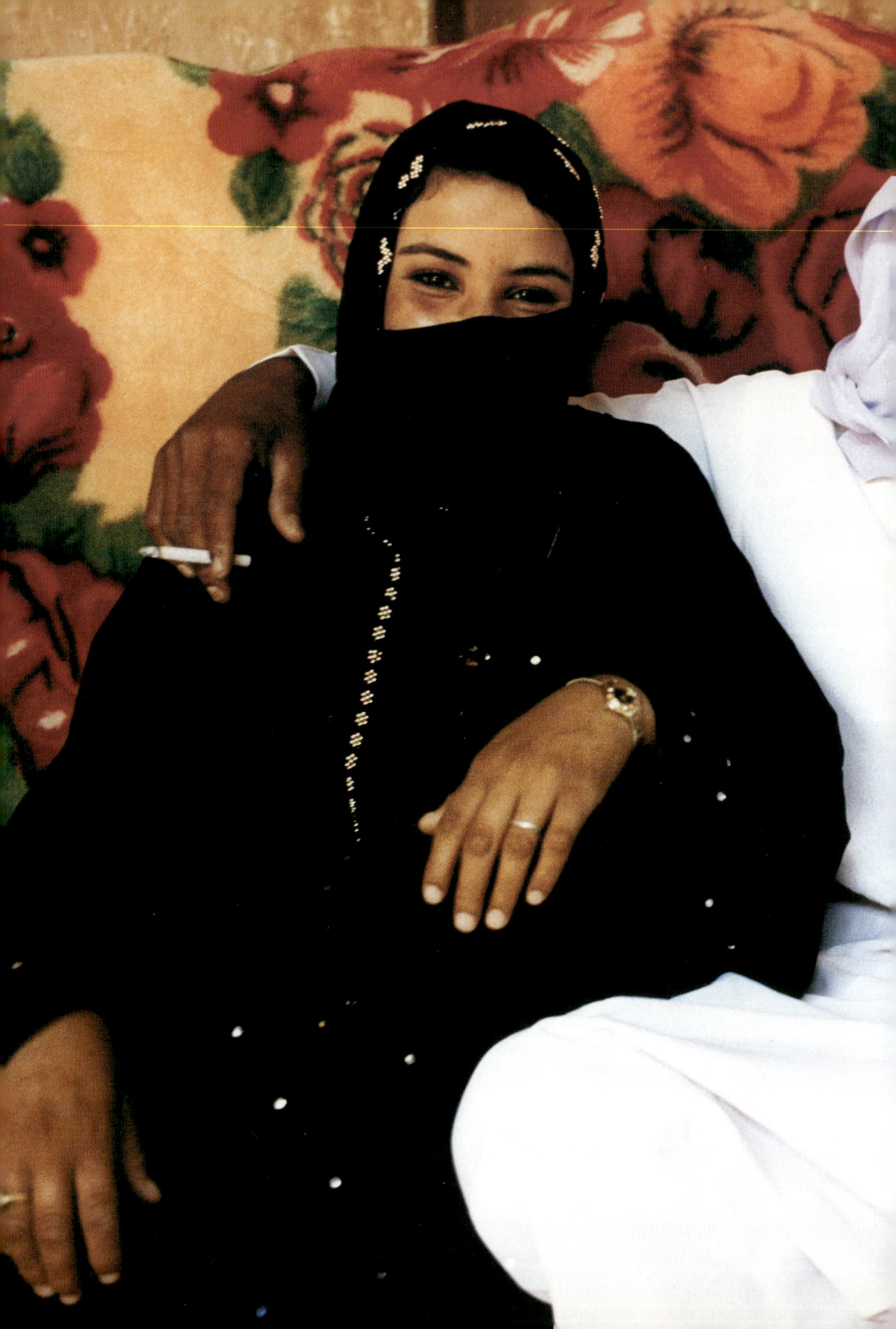

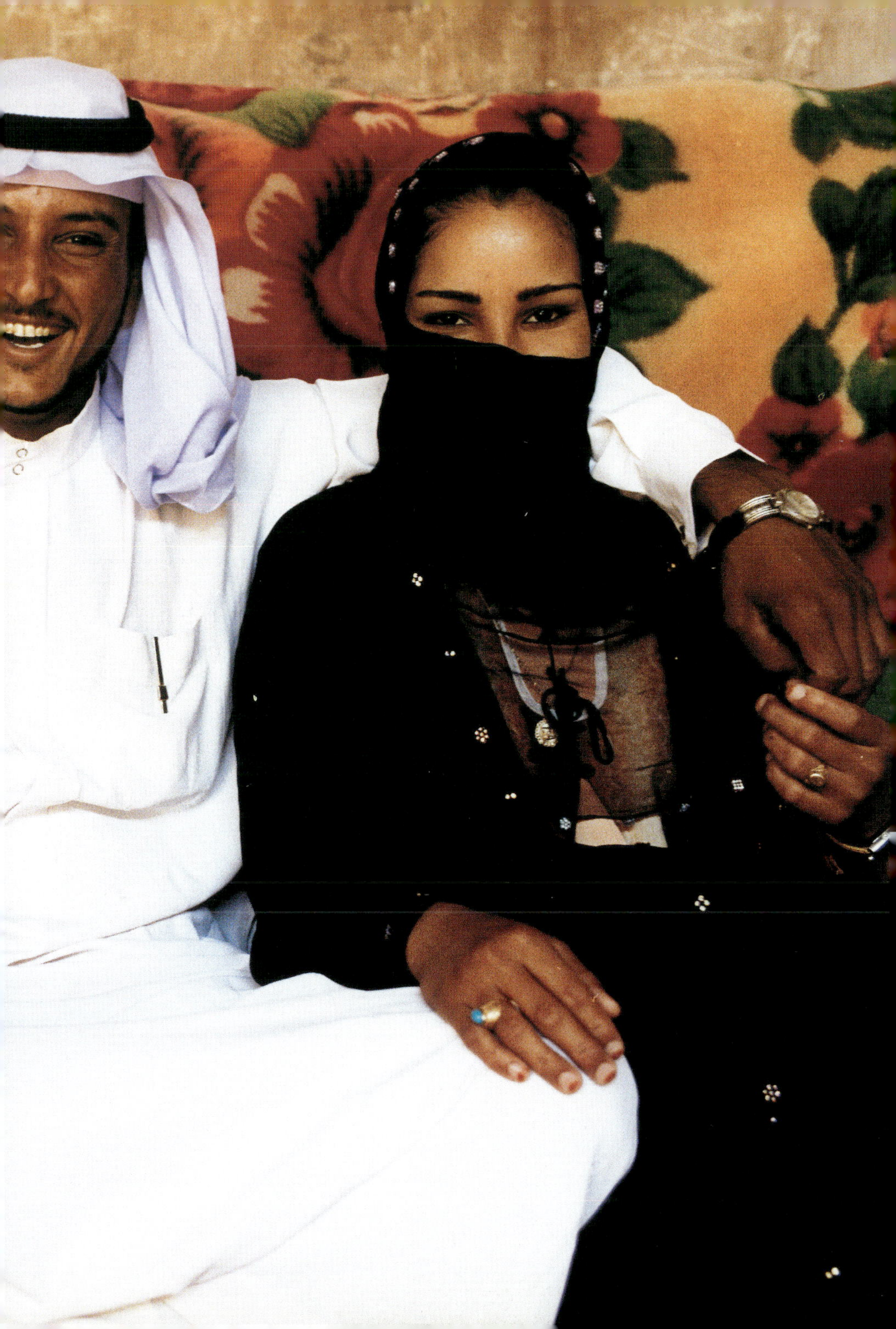

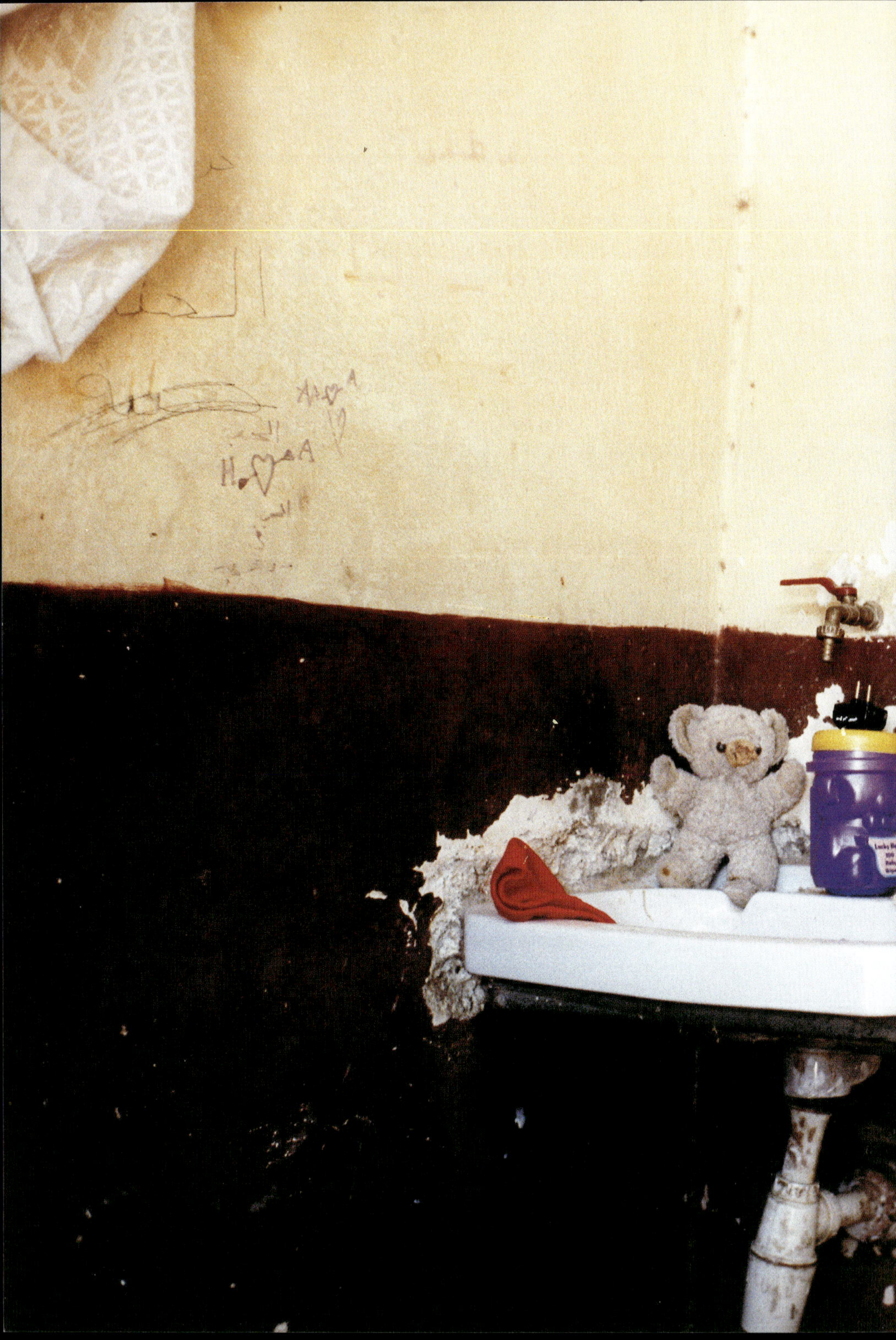

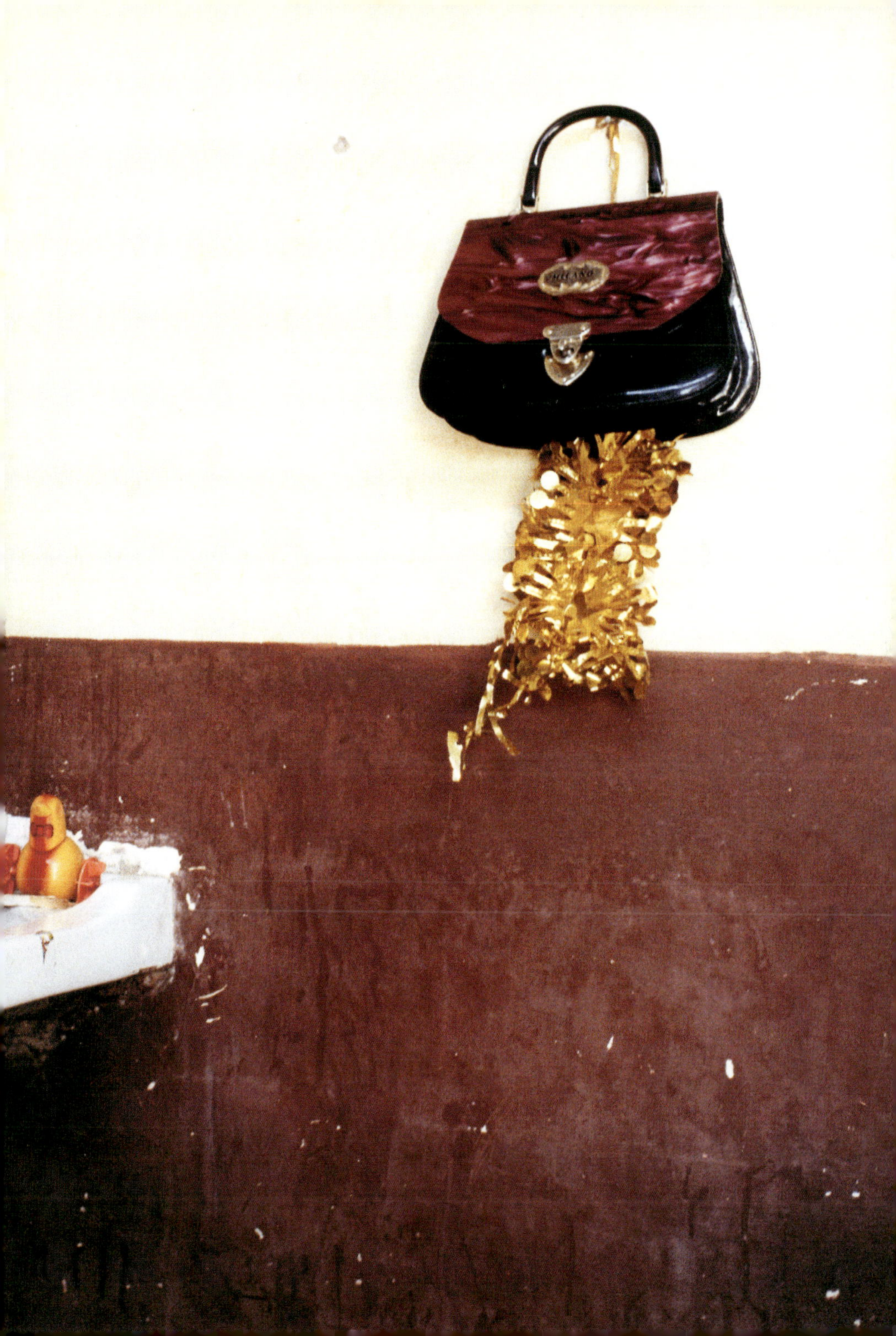

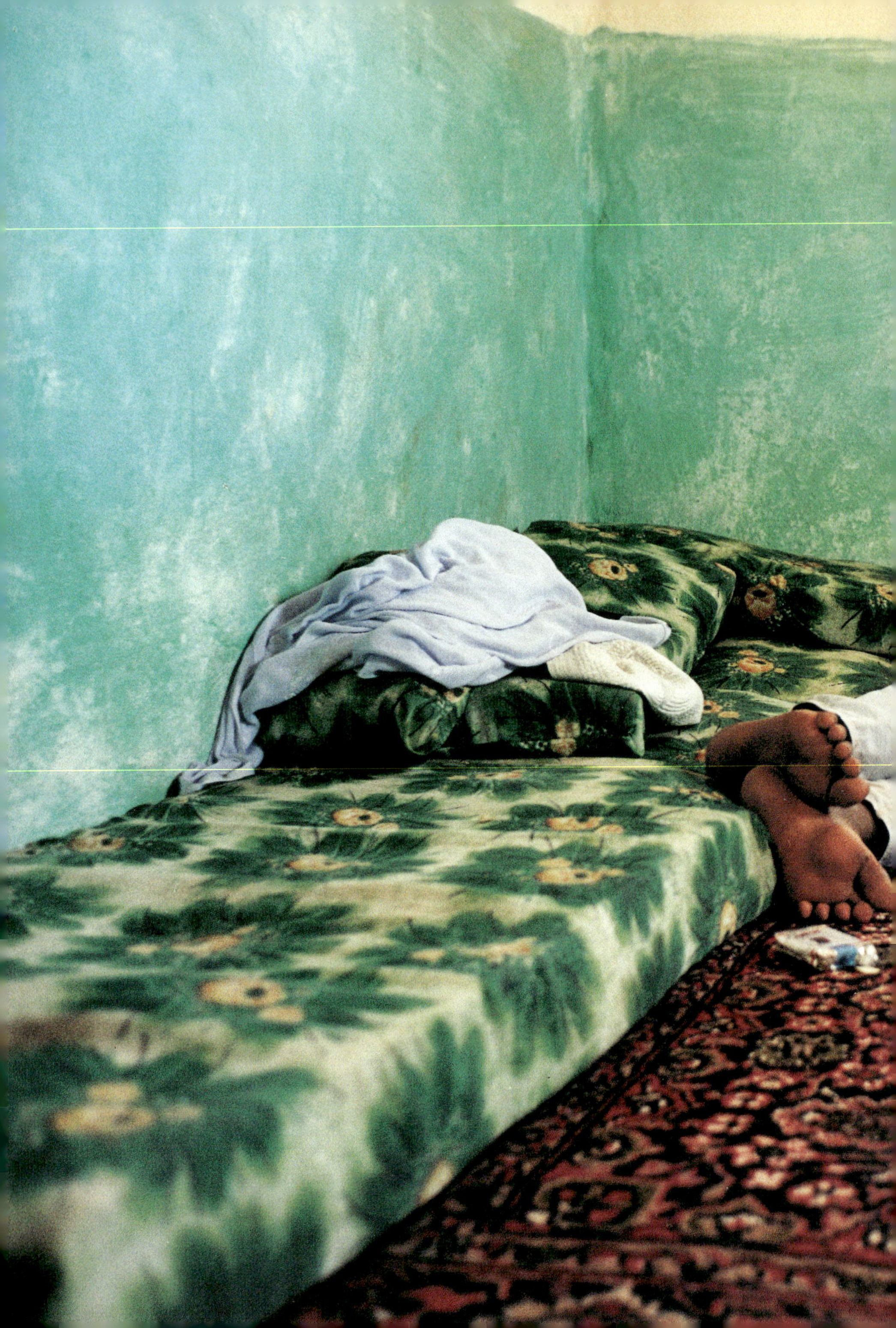

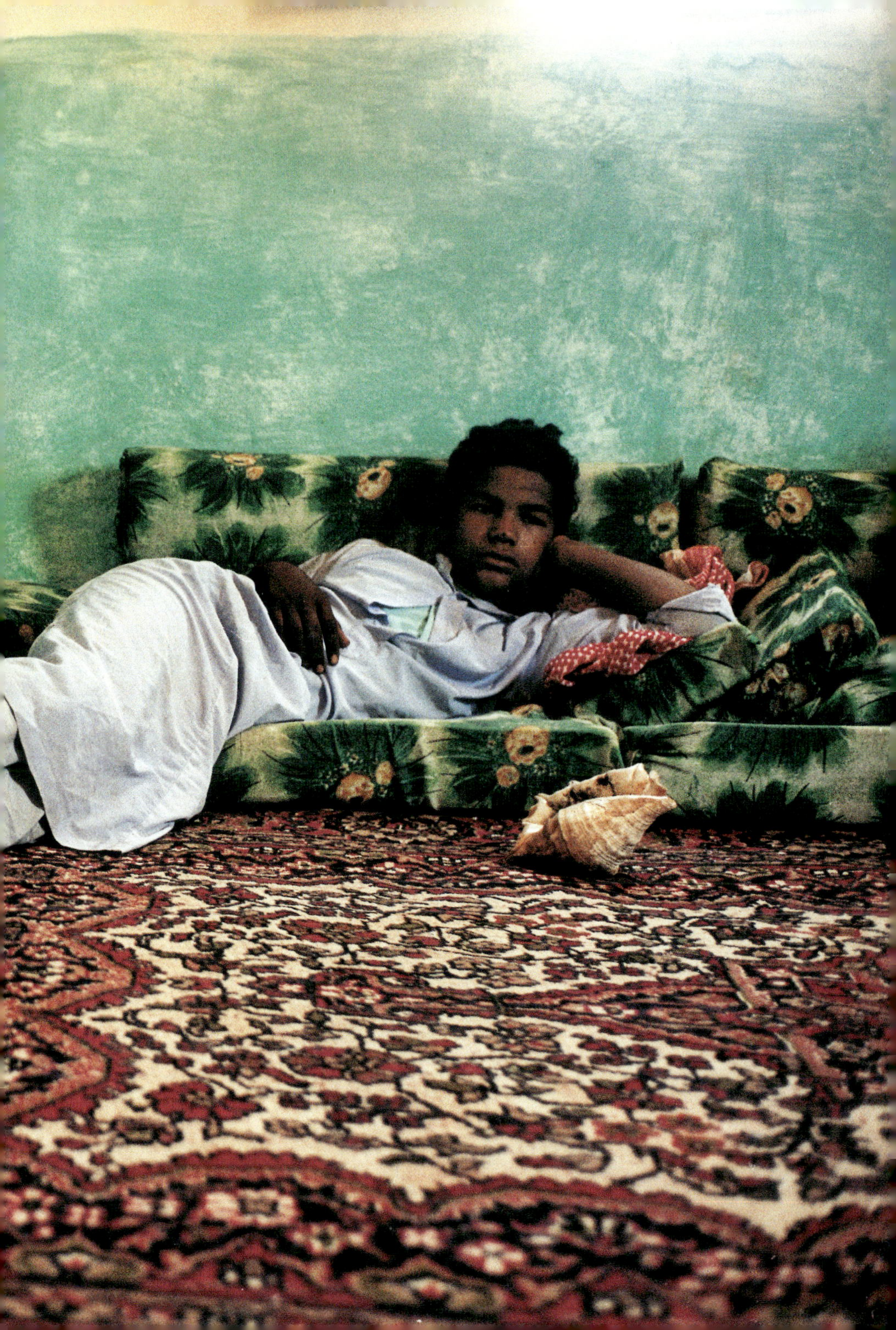

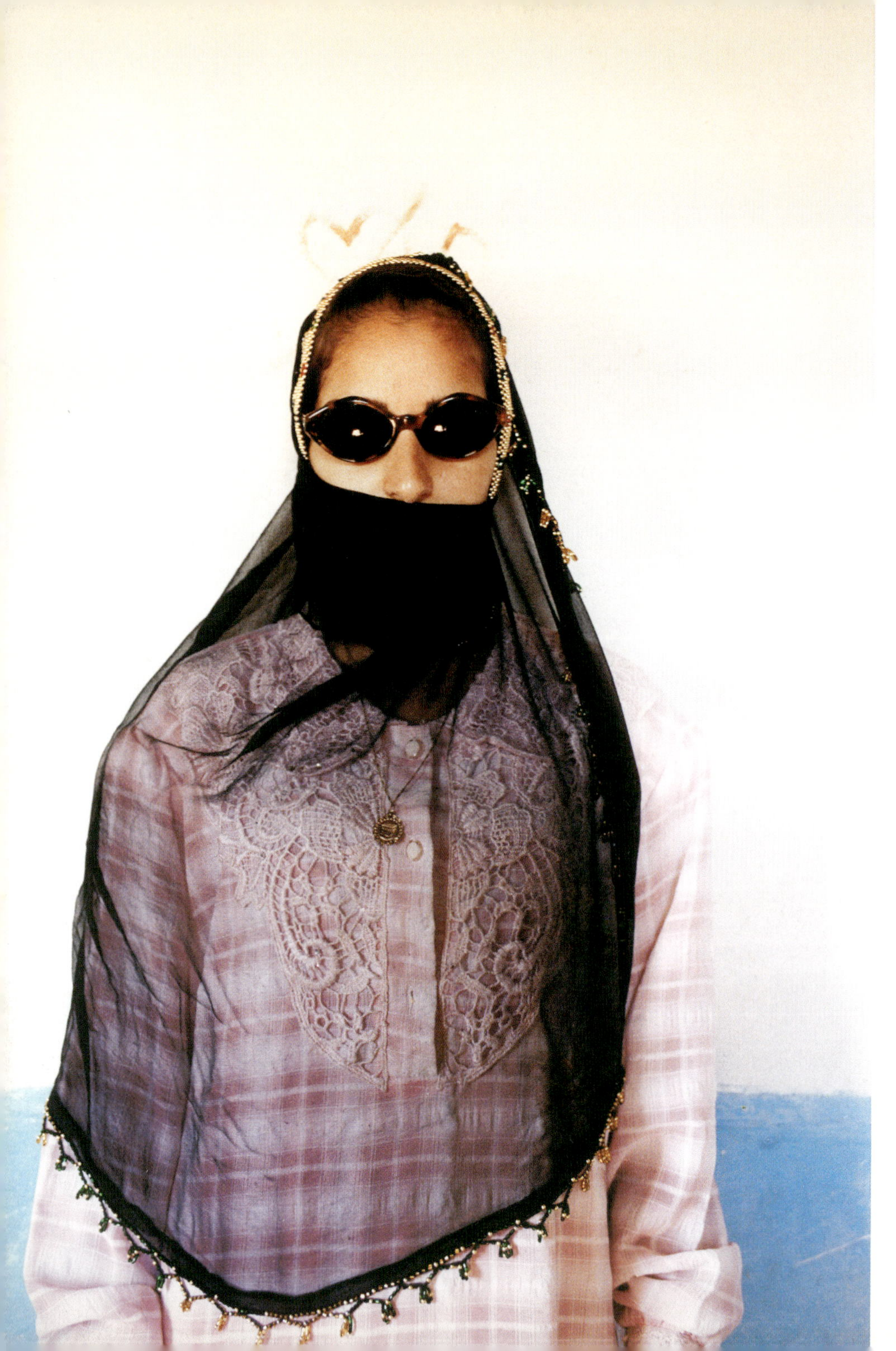
٧/٢

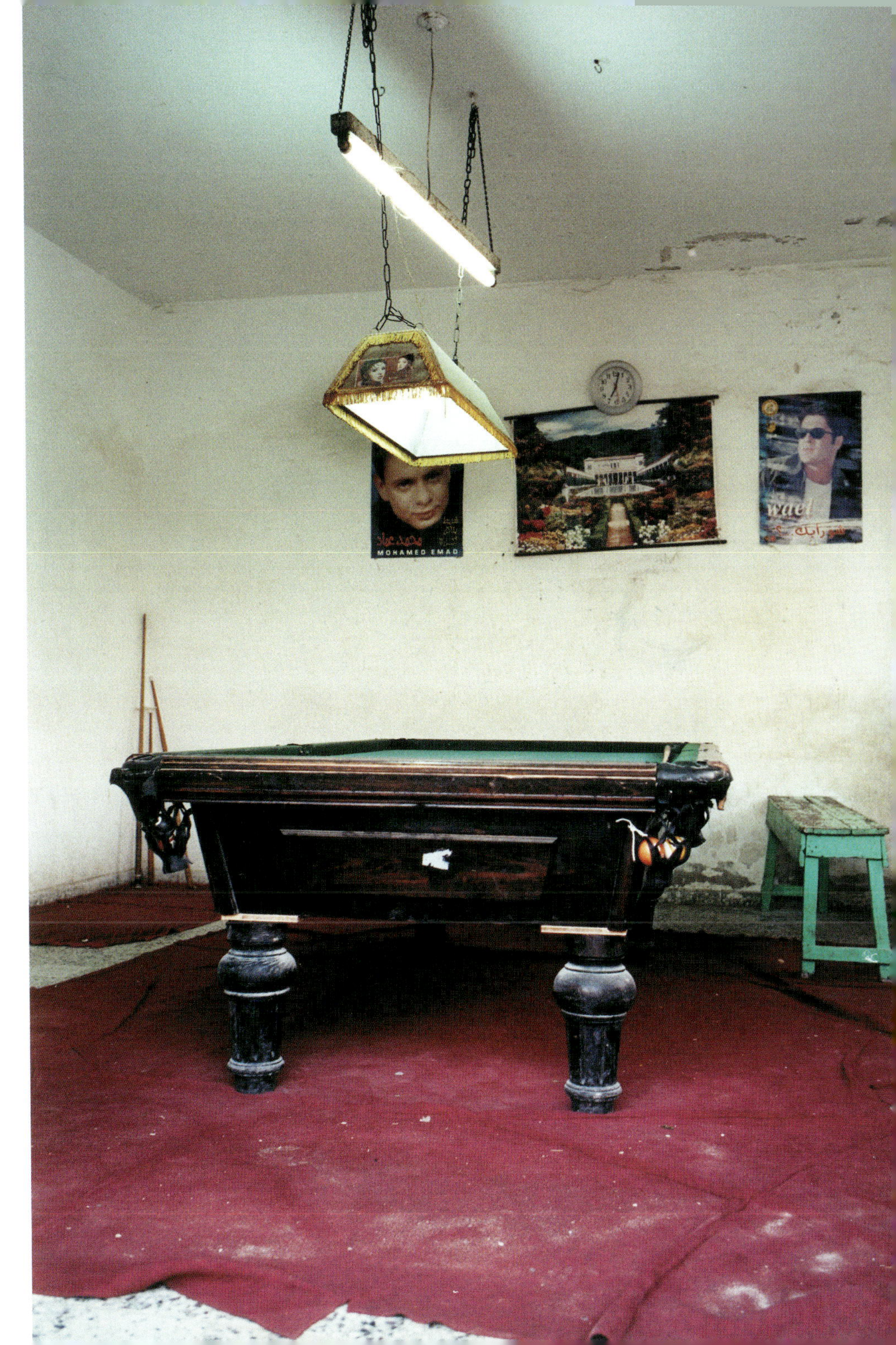

محمد عماد
MOHAMED EMAD
wael
سو رأيك

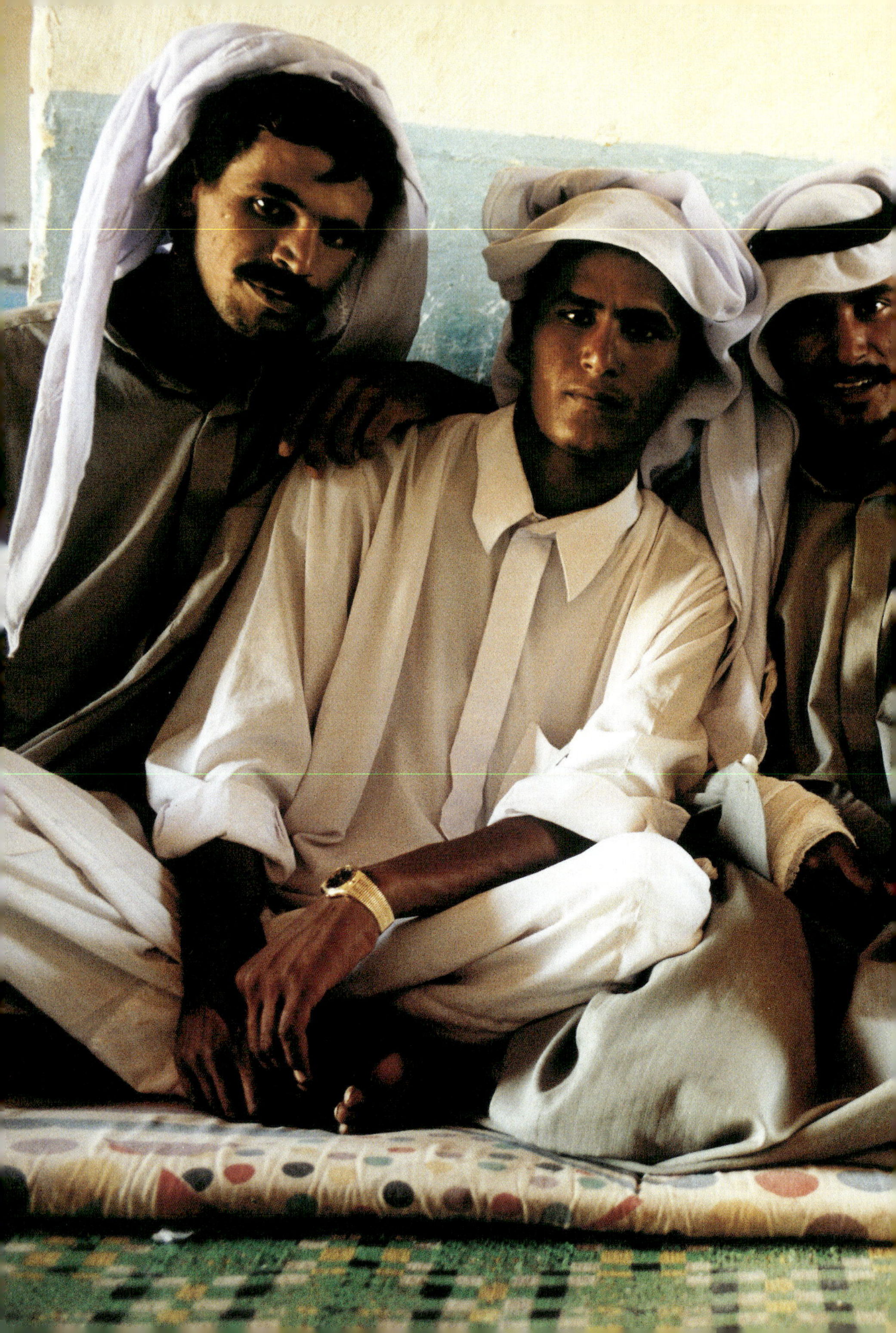

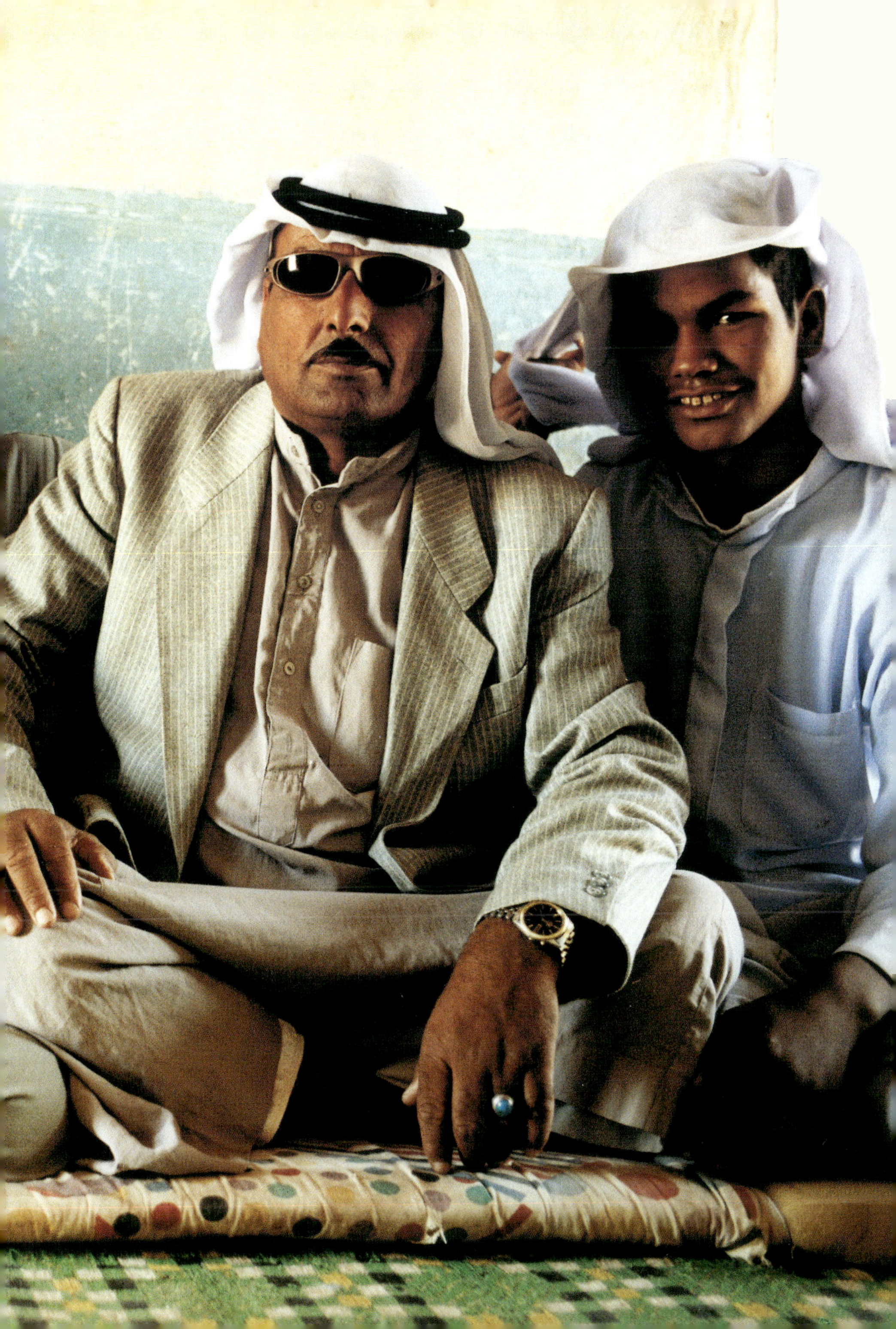

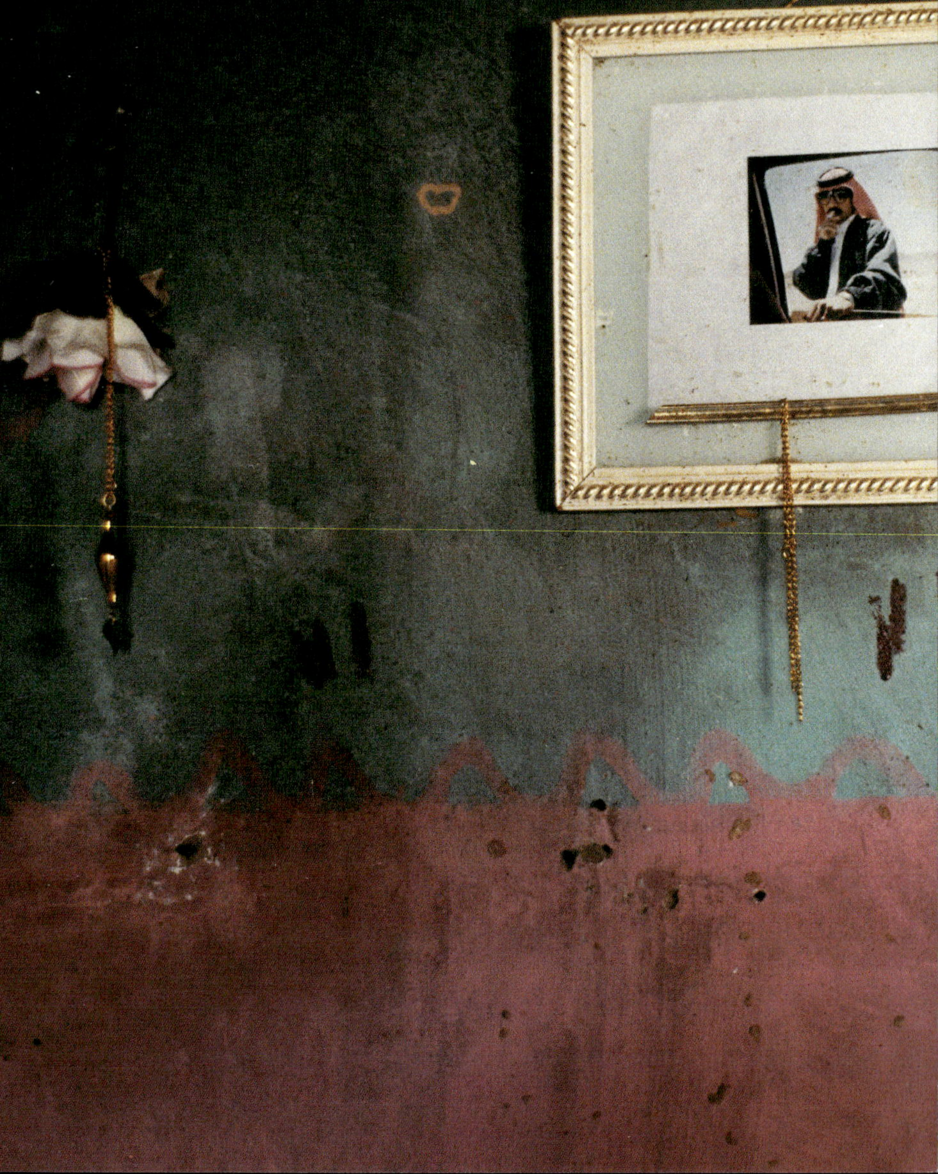

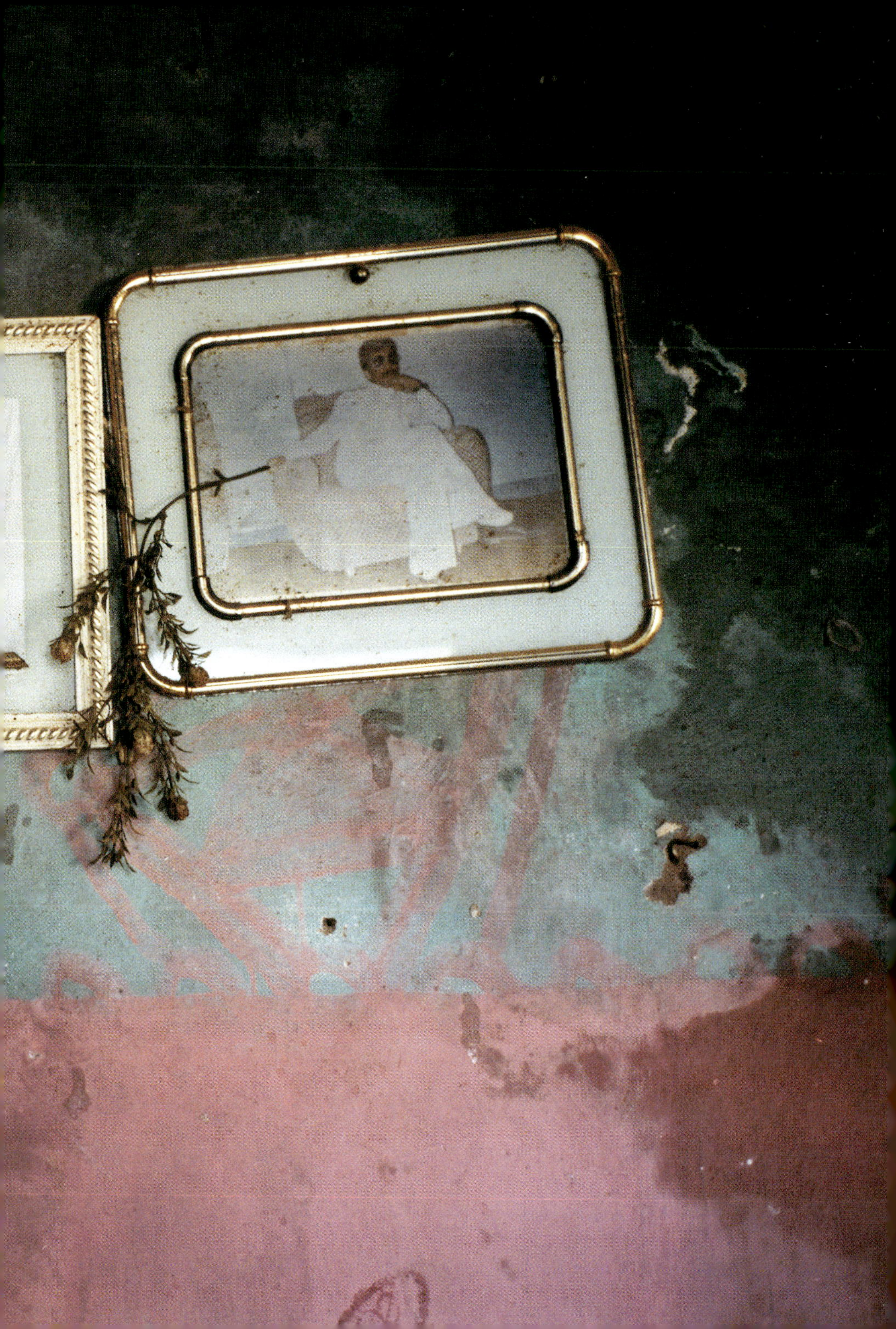

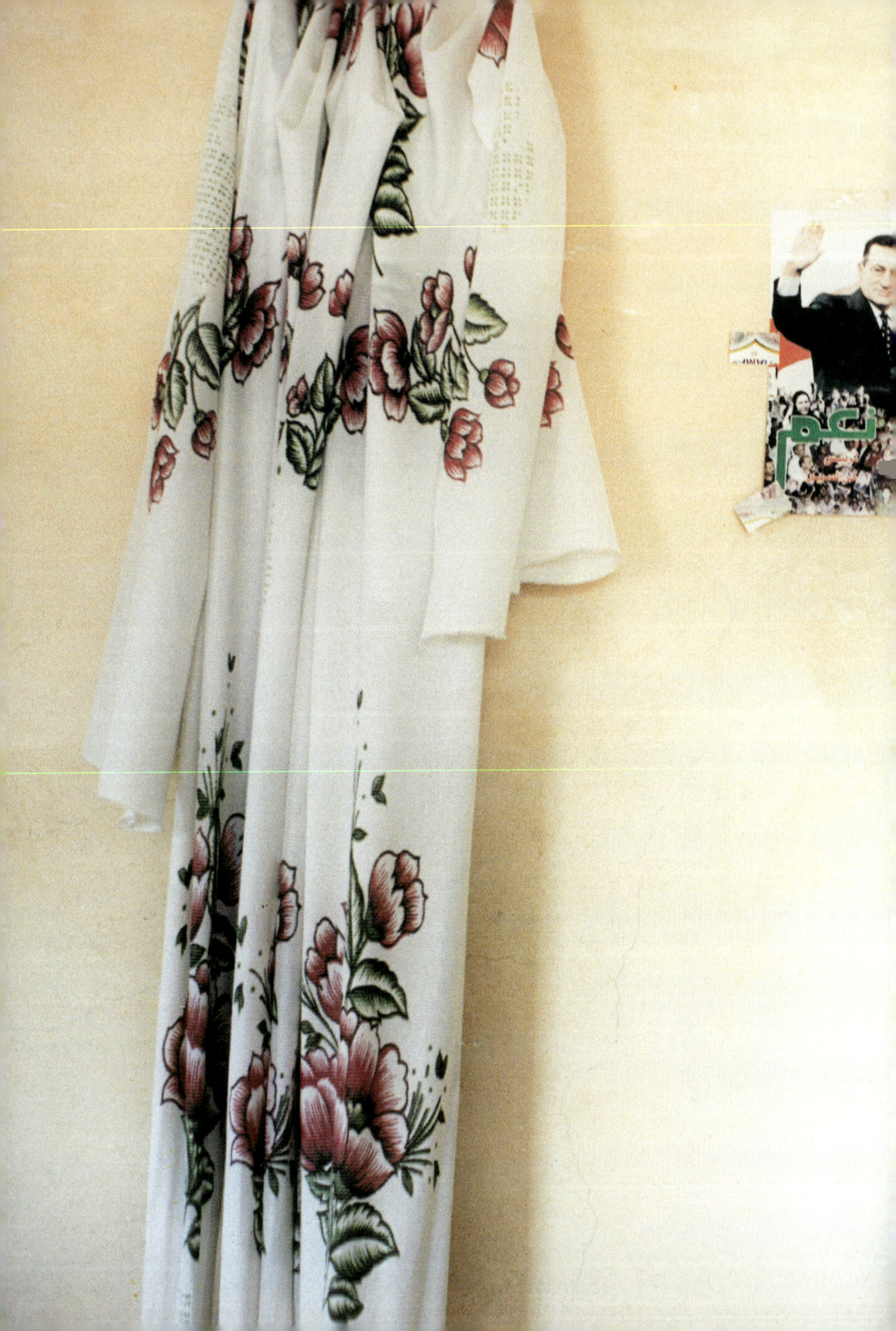

Girls and boys cover a number of kilometers to go to school, and then come back to the village. As adults, they remain close. The younger generation in no way envisages polygamy. Certain men, however, perpetuate the tradition. Their wives, often neighbors, know each other, get along and help each other out. It is not idyllic, but no husband escapes the rule of equity: two nights and two days with each. Here, repudiation is not the custom, and no new wife is chosen without the approval of the first.

البنات والصبيان يقطعن الكيلومترات للذهاب معا الى المدرسة والعودة منها الى القرية. المراهقون يرتبطون ببعضهم بصورة لصيقة. الجيل الجديد لا ينوي الخوض ابدا في تعدد الزوجات. الا ان بعض الرجال يقومون بتخليد هذا التقليد. فزوجاتهم هن في الغالب جارات، يعرفن بعضهن، ويقدرن وبعضهن ويساعدن بعضهن. لا شيء يخضع للعاطفة، لكن لا أحد من الرجال يشذ عن قاعدة المساواة: ليلتين ويومين عند كل واحدة منهن. الطلاق هنا ليس من العادات، ولا يمكن اختيار اي زوجة جديدة بدون موافقة الزوجات الأوليات.

Filles et garçons parcourent des kilomètres pour
se rendre ensemble à l'école puis revenir jusqu'au
village. Adultes, ils restent étroitement liés.
La jeune génération n'envisage guère
la polygamie. Certains hommes cependant
perpétuent la tradition. Leurs femmes, souvent
voisines, se connaissent, s'apprécient et
s'entraident. Rien n'est idyllique, mais aucun mari
ne déroge à la règle de l'équité : deux nuits et deux
jours chez chacune. Ici la répudiation n'est pas
dans les mœurs, et aucune nouvelle épouse n'est
choisie sans l'approbation des premières.

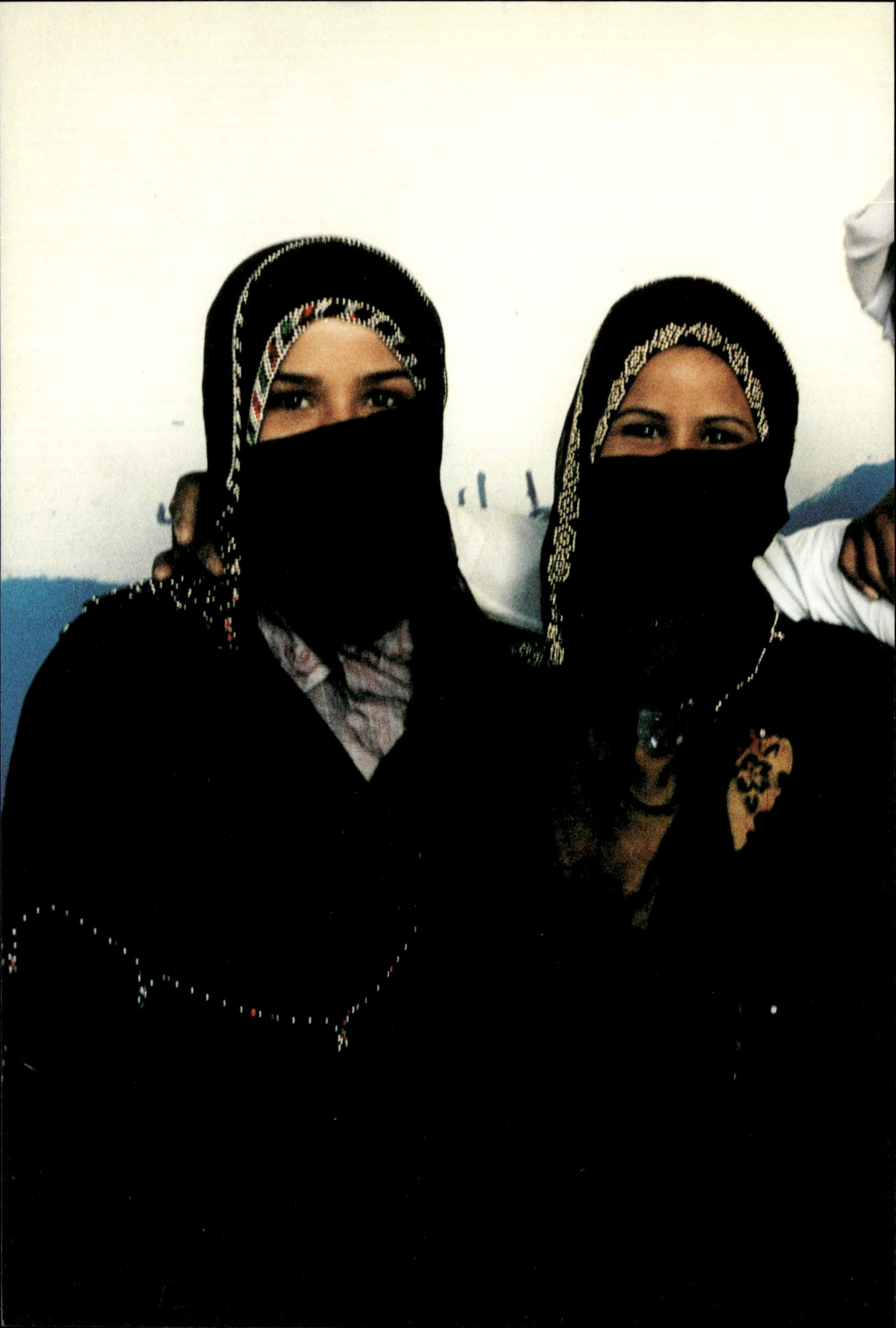

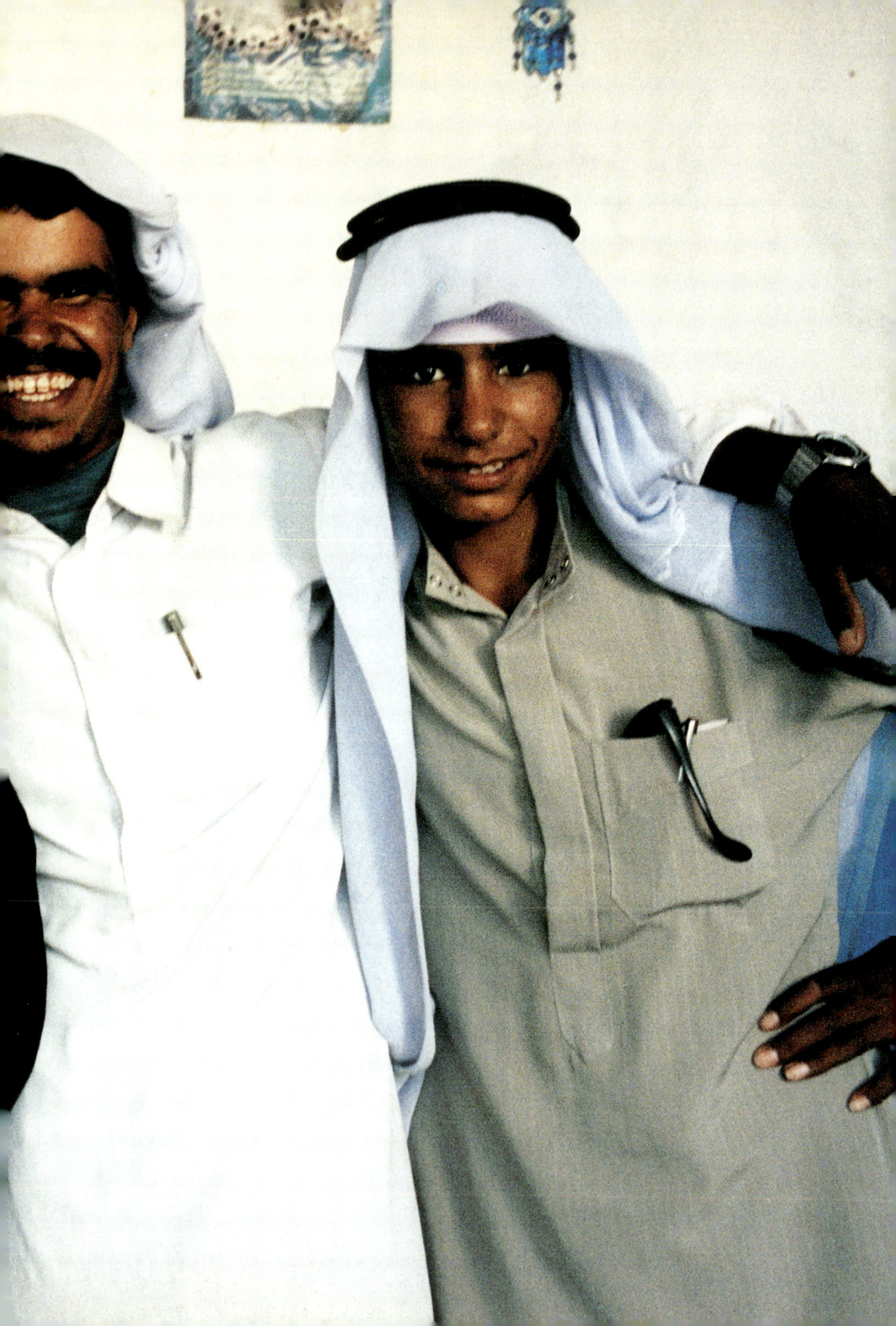

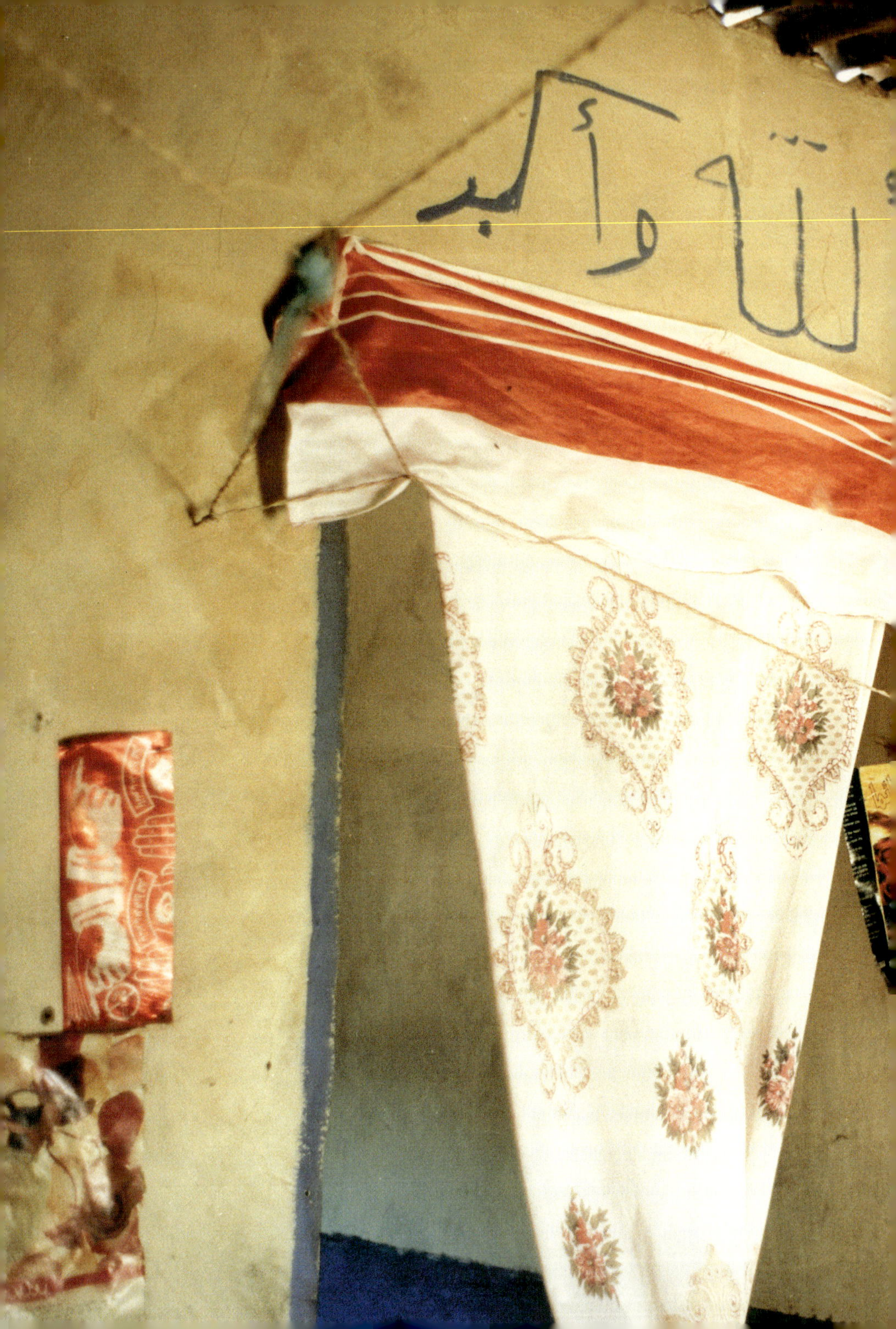
الله أكبر

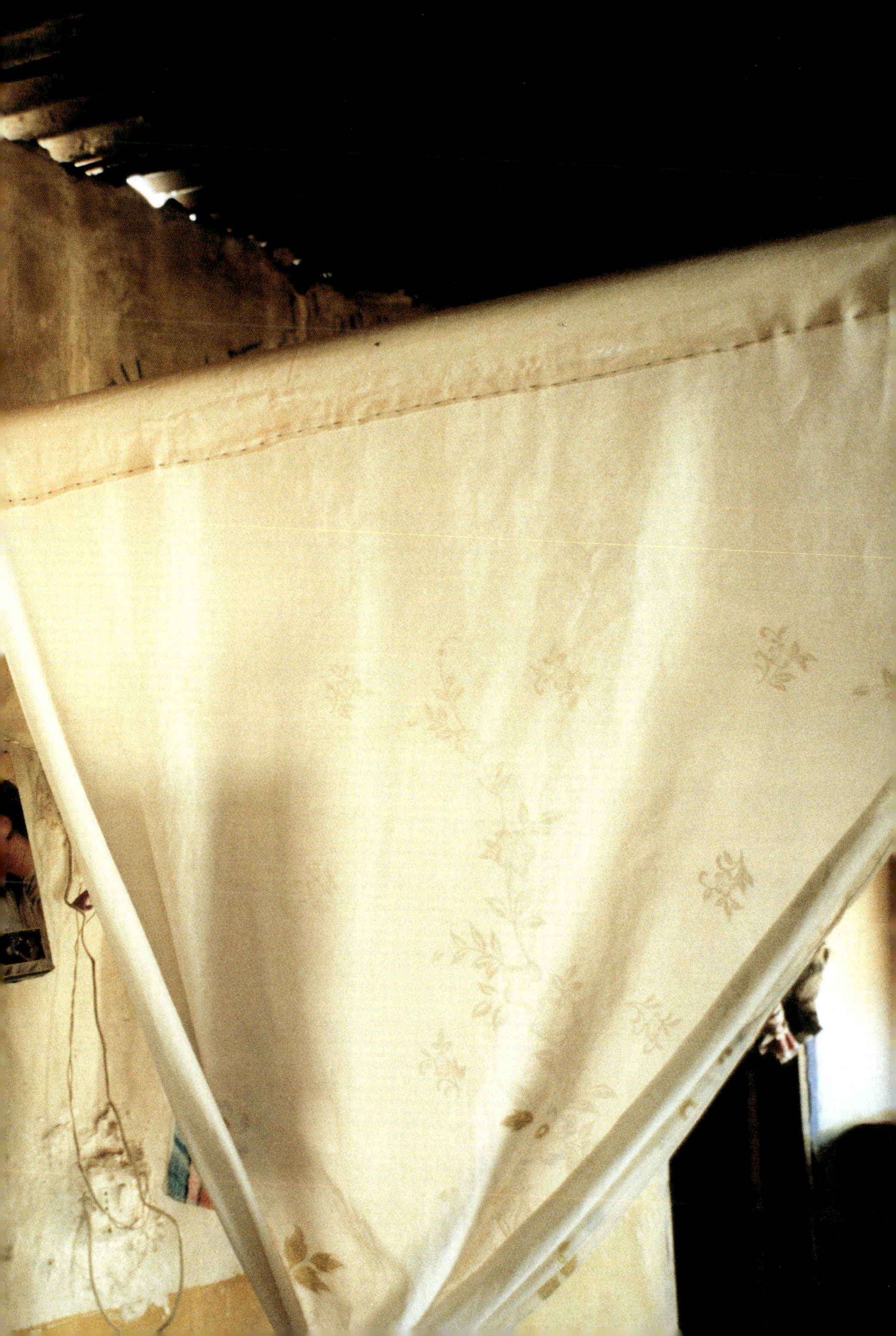

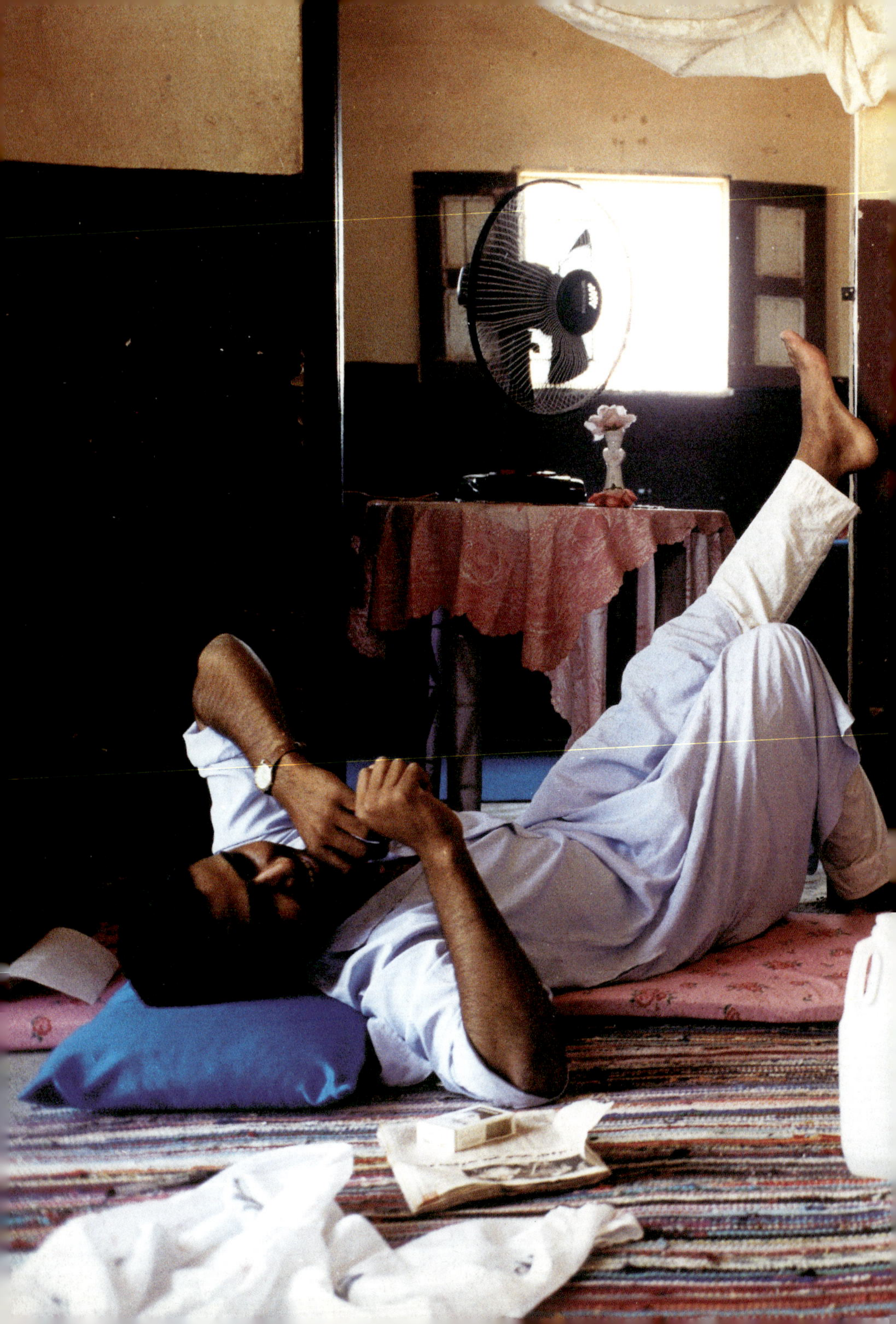

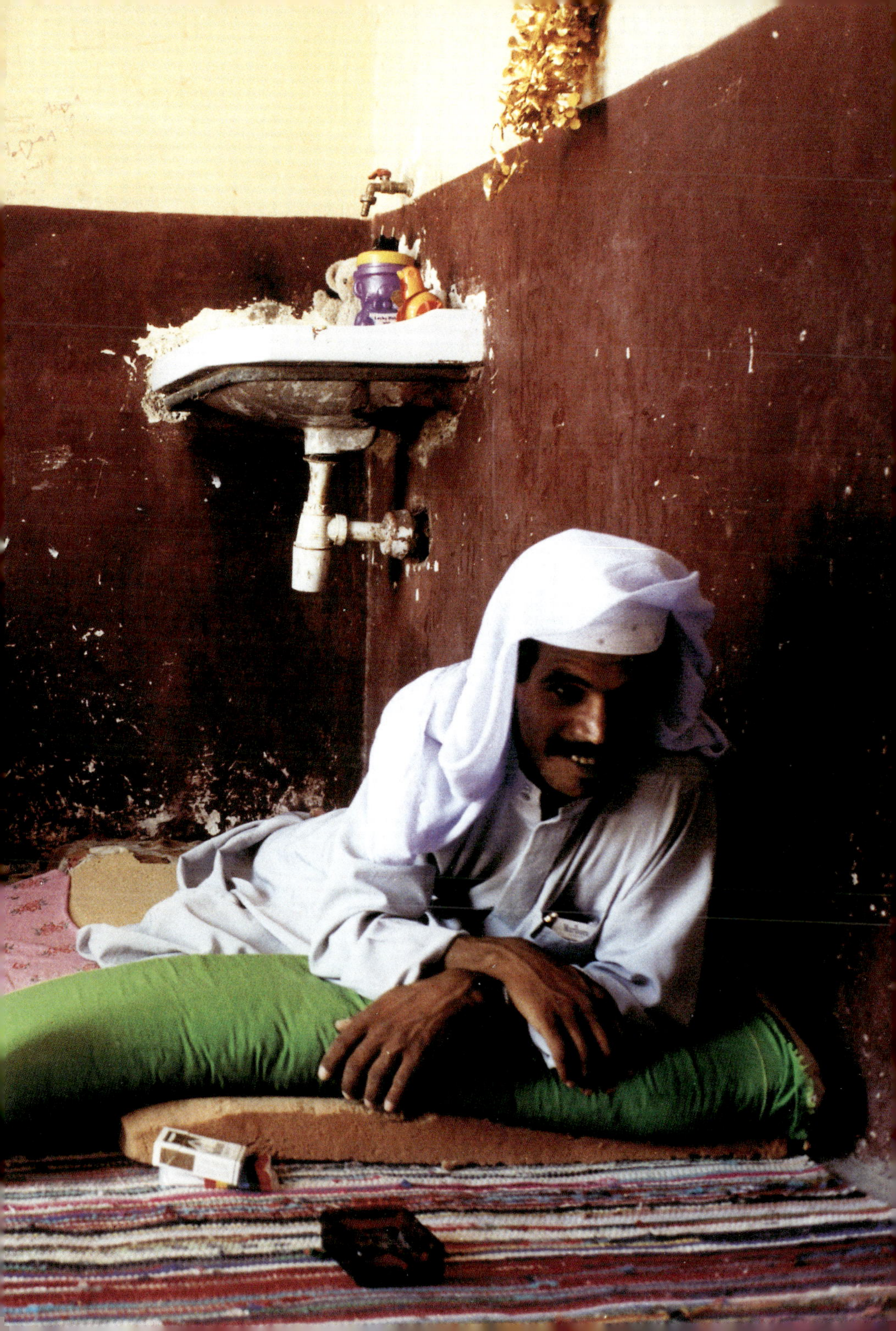

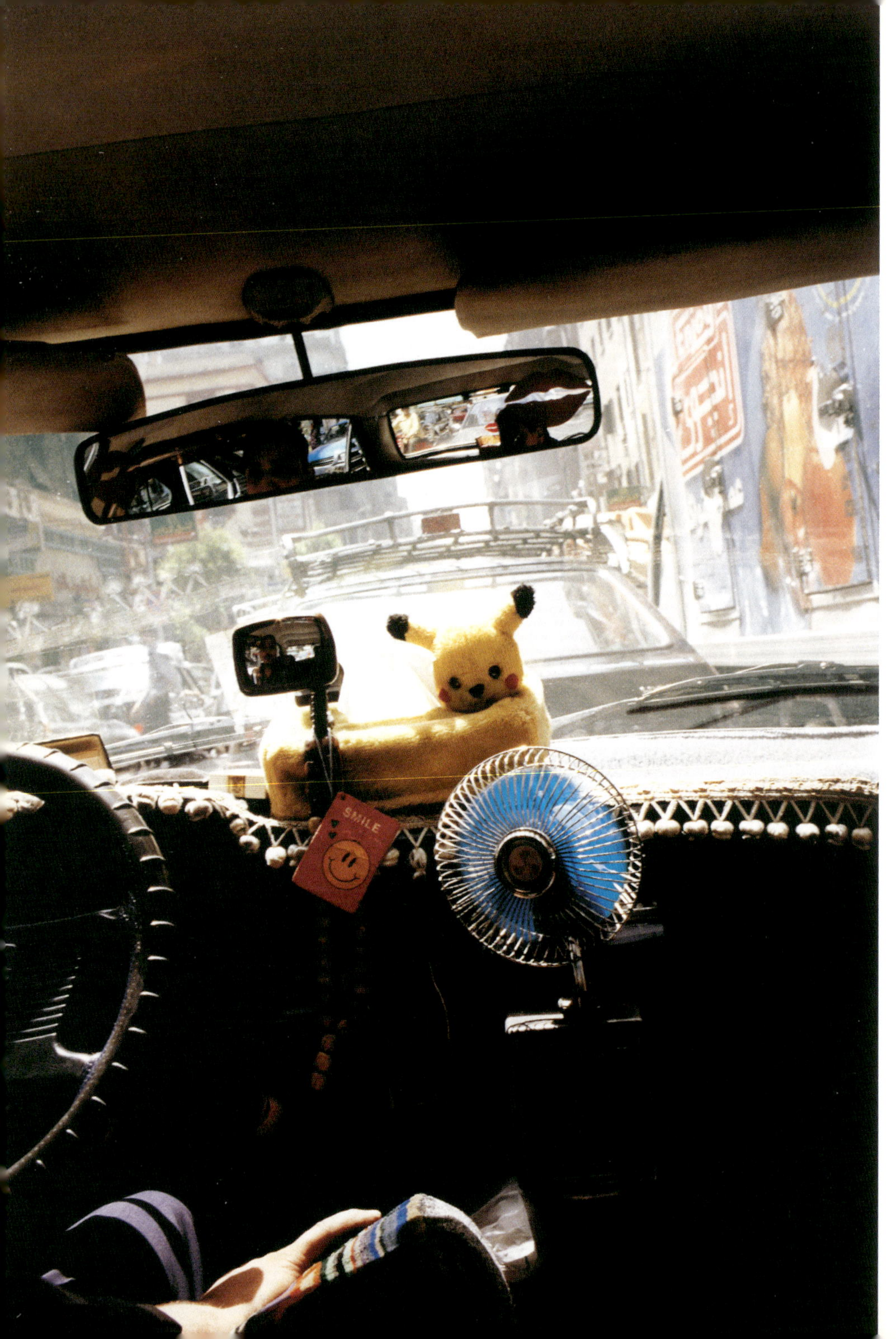

SMILE

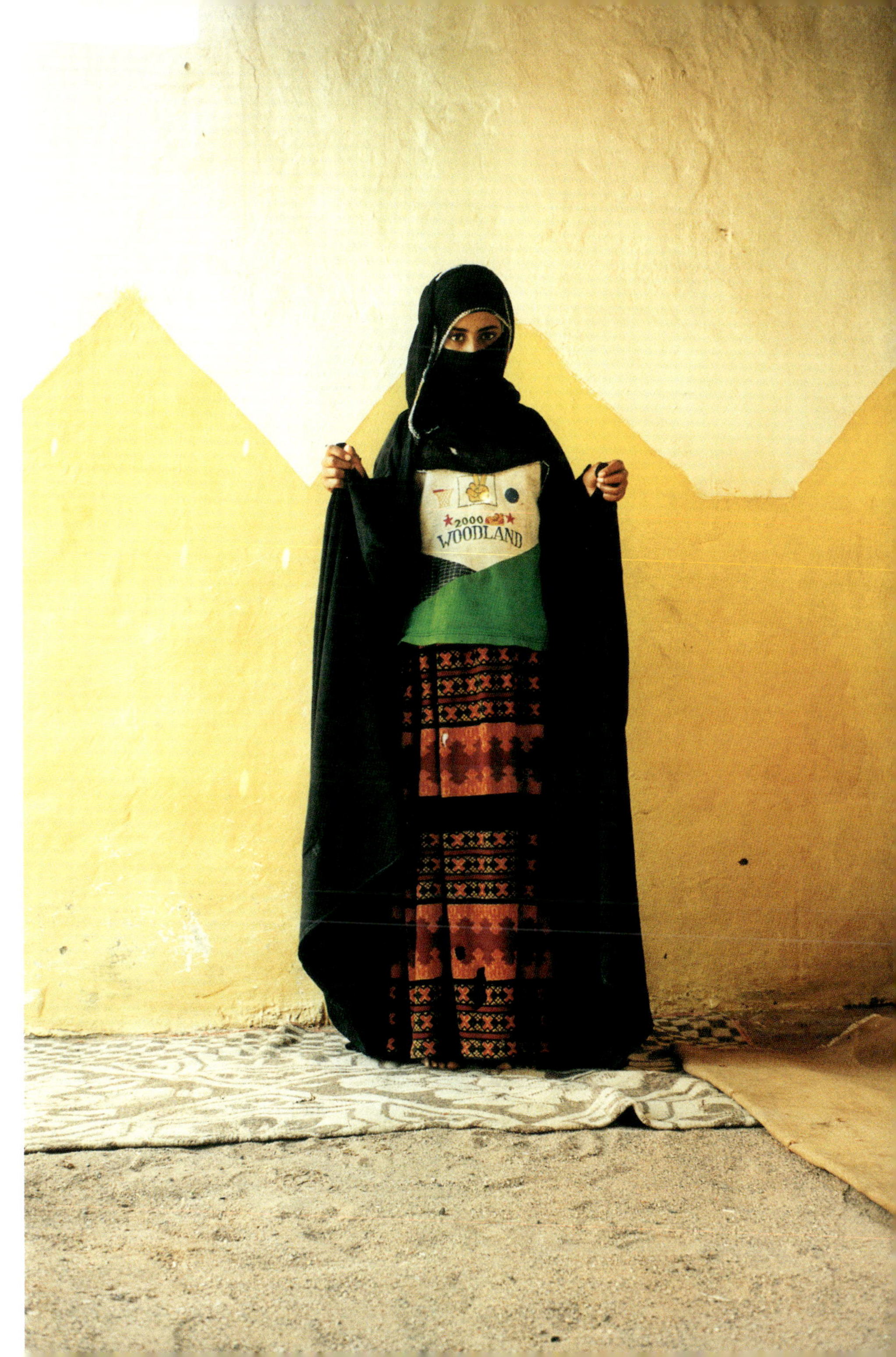

2000
WOODLAND

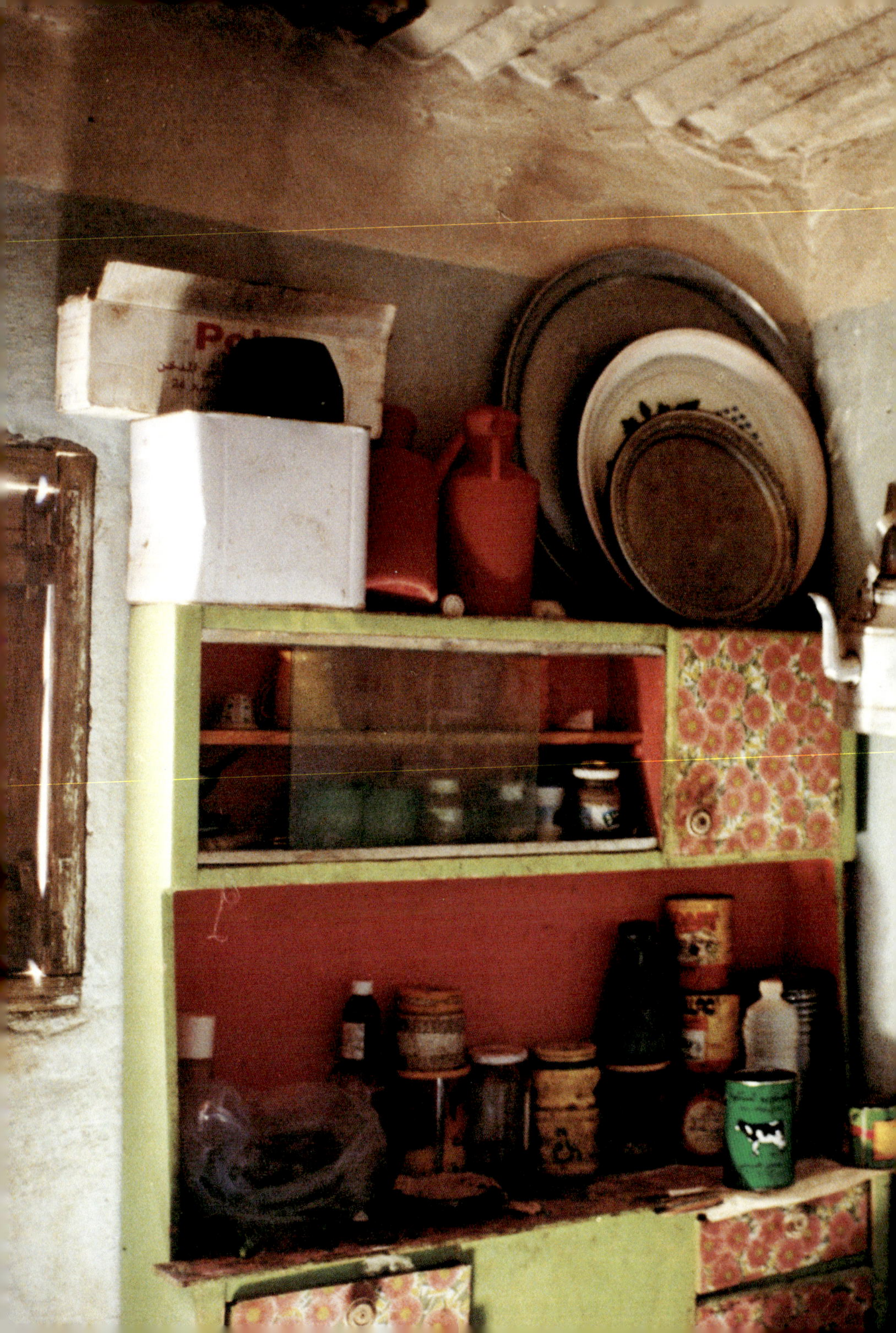

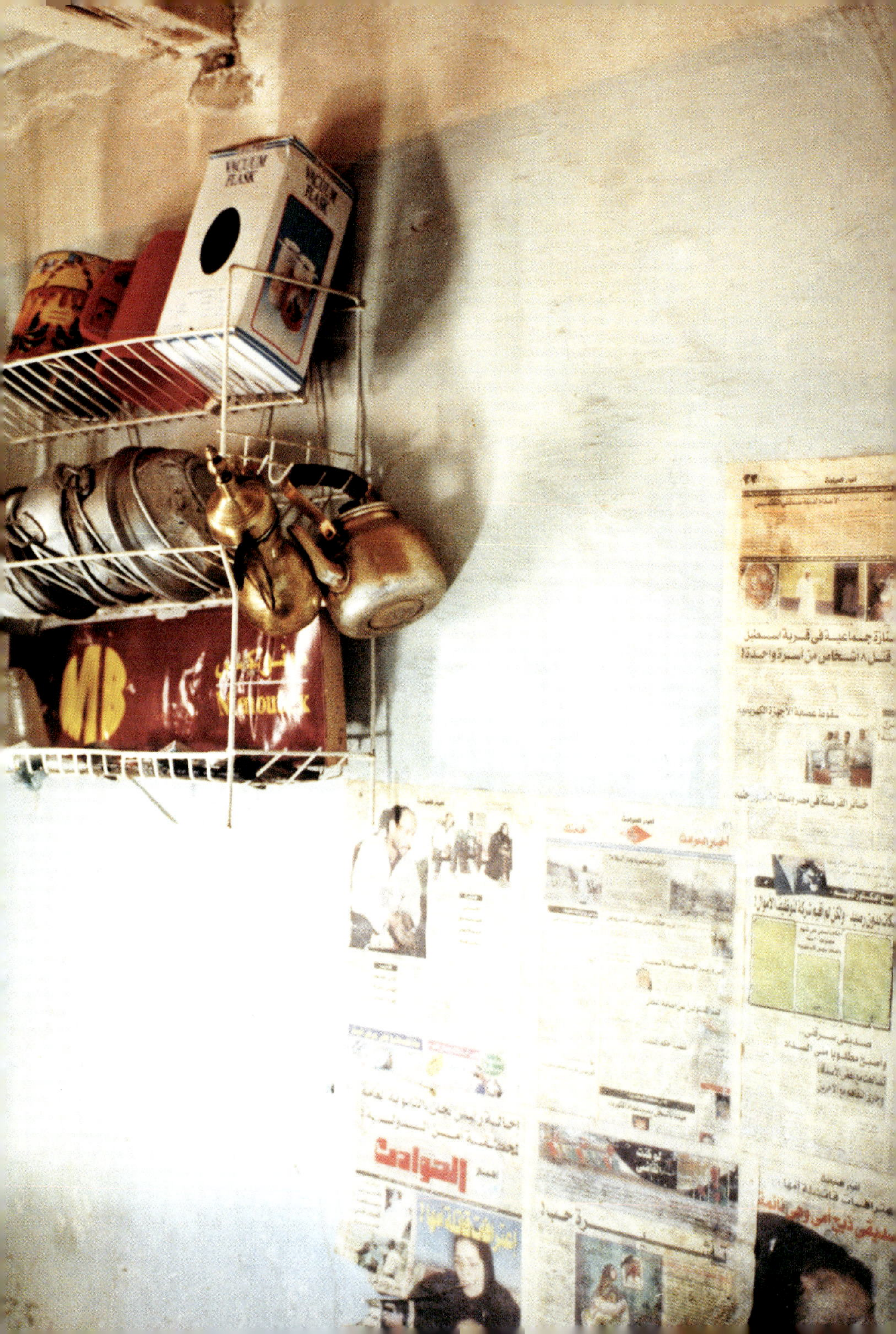

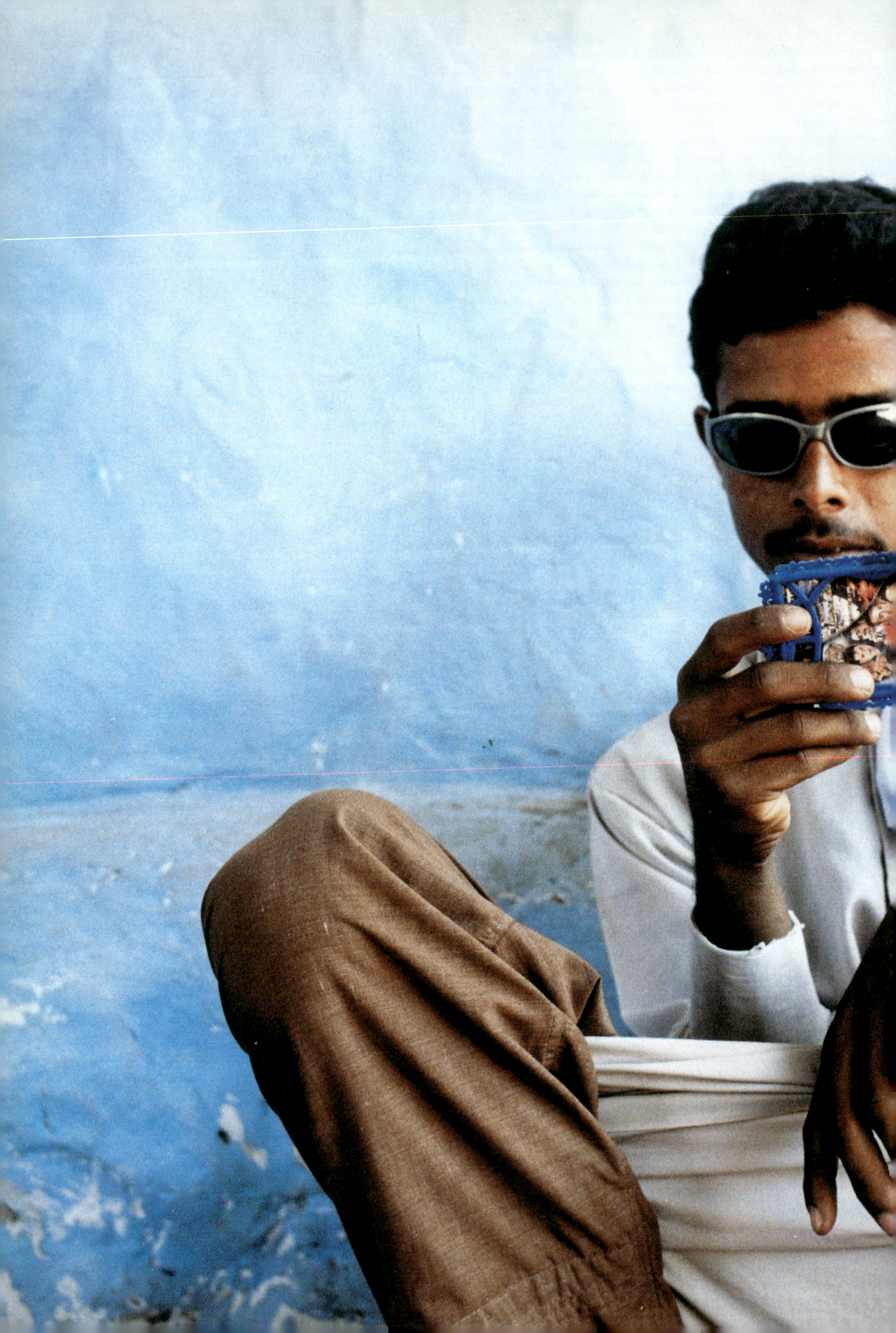

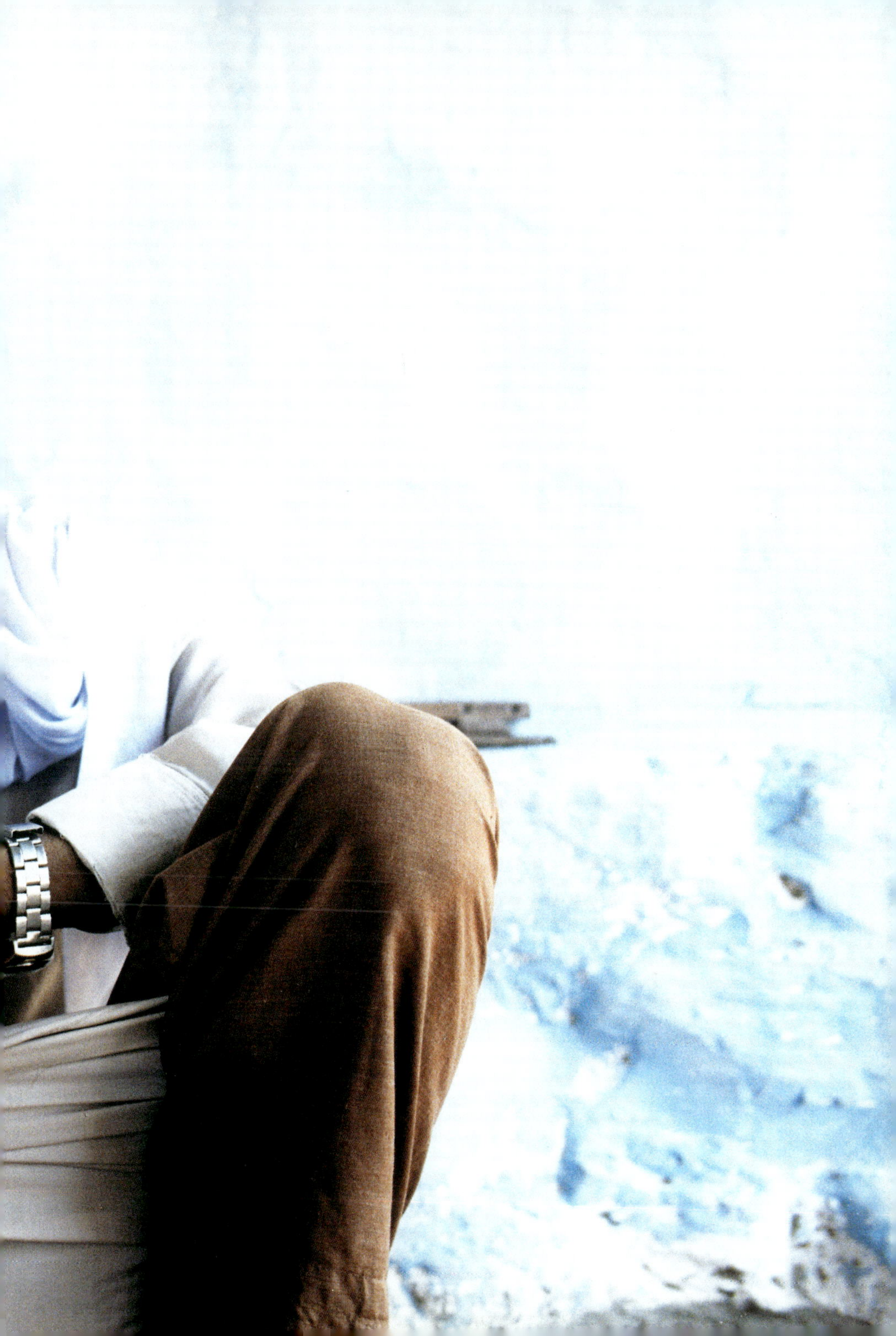

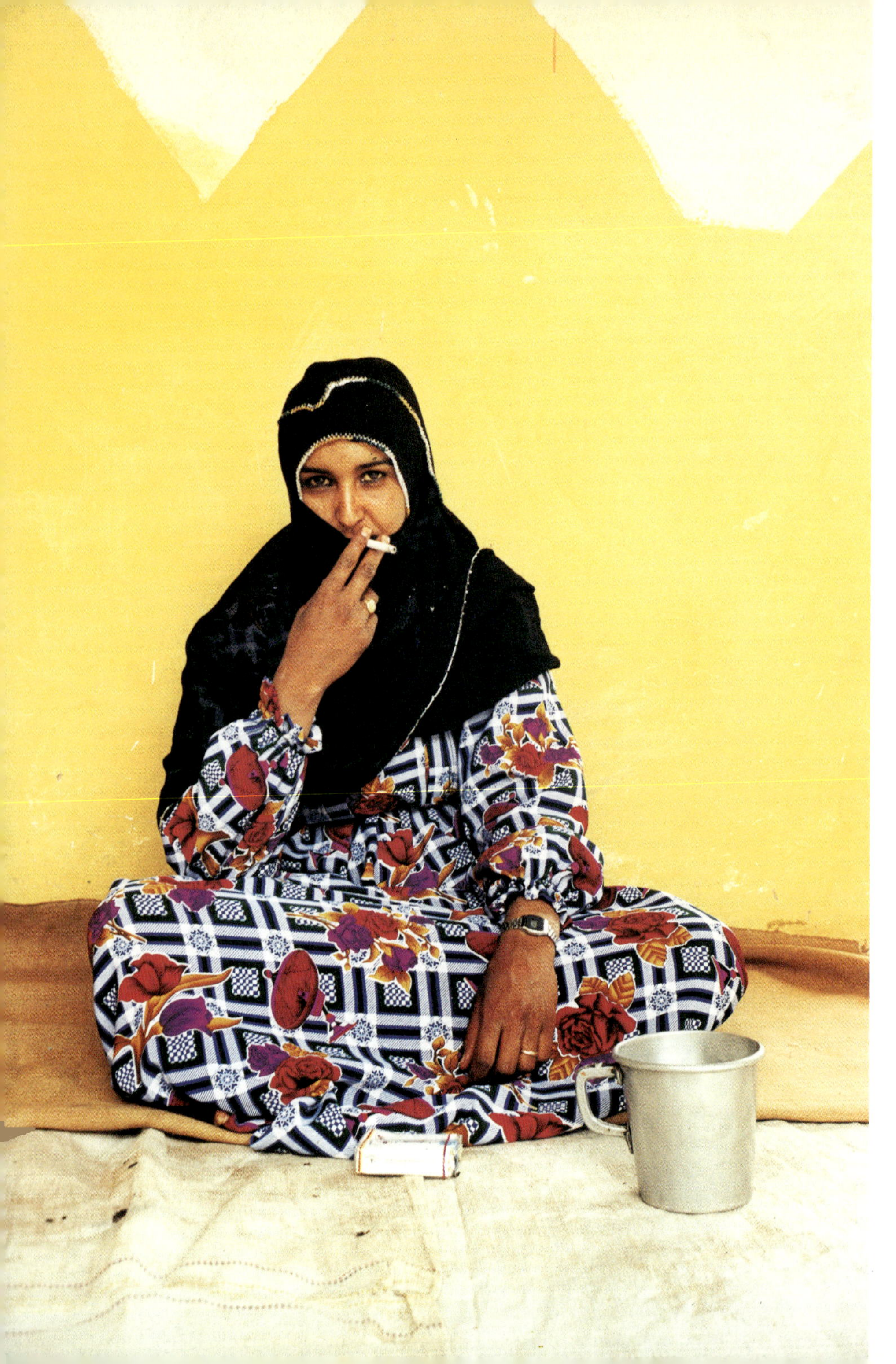

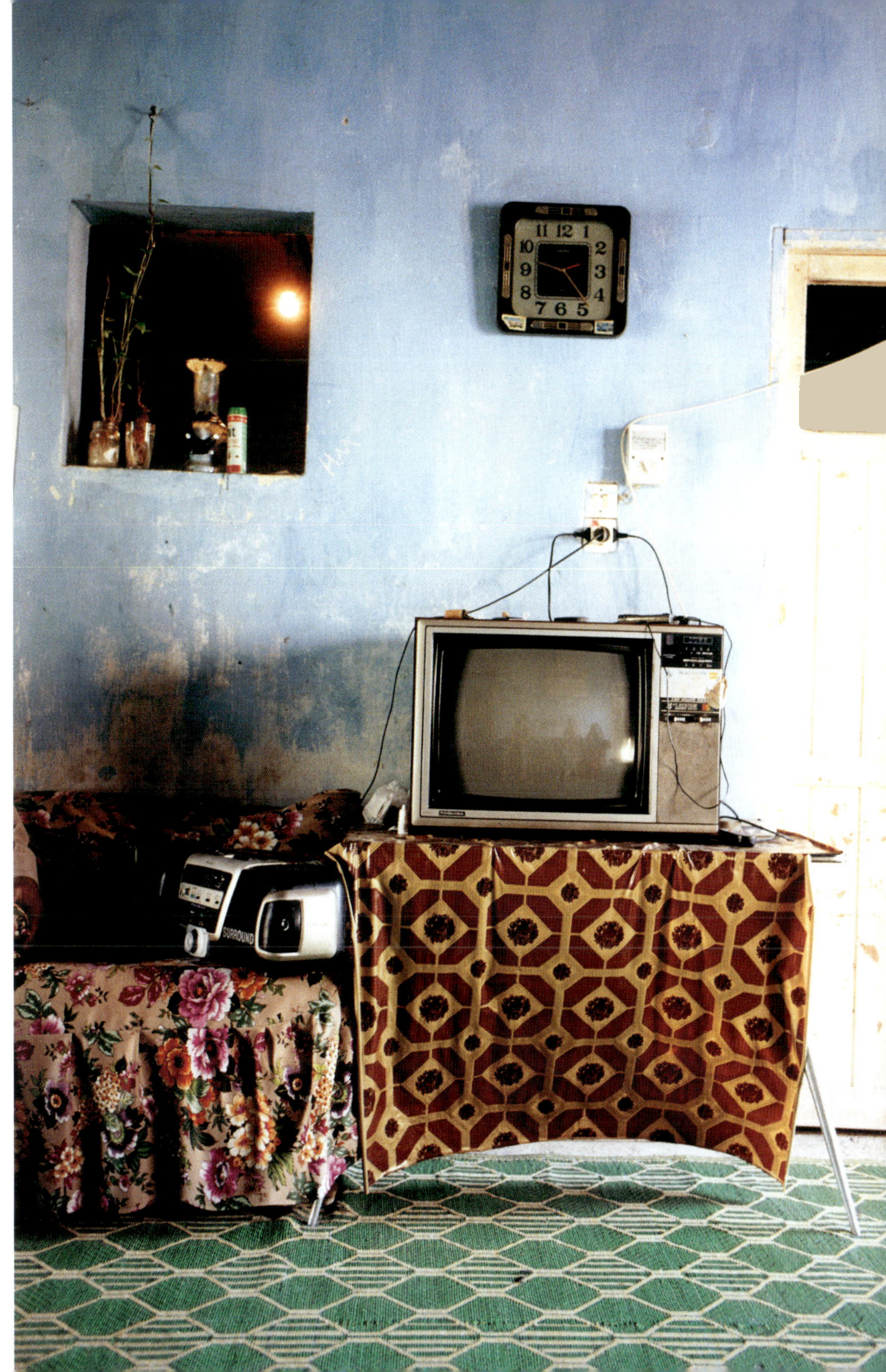

اكتشفت براقع قديمة للمناسبات، فهي رائعة وشاهدة على تقاليد بدوية قديمة.
فالاكبر سنا تضعنه في المناسبات الكبيرة، والصغيرات ترفضن ذلك قطعيا! فالموضة مسحت هذا المظهر "البالي"، فالنظارات الشمسية هي الاكثر شيوعا.
مع ذلك انا استشعر الاعتزاز السري والسعادة الصادقة بالنسبة لهم في مجاراة اللعبة، فقد منحتني نساء القرية فرصة تخليدهن. في جميع الاحوال، لا يجب على الرجل دخول الغرفة خلال حصة التصوير ليفاجئهن لابسات على هذا النحو. لقد اخذن علي عهدا بأن لا أكشف لأي شخص كان الصور الجماعية التي التقطها في هذا اليوم.
ووفيت بوعدي!

I discover antique ceremonial burqas, a magnificent witness to the disappeared nomadic traditions. The elders still wear it for important occasions, the younger categorically refuse! Current fashion has banished this archaic dress, sunglasses are much more in. I sense even so the secret pride and sincere pleasure that they take in playing the game, and I obtain the right to immortalize them thus. In no circumstances may a man enter the room during the session and catch them dressed like this. They make me promise not to show the group photographs taken that day to anyone. Word kept.

Je découvre d'antiques burqas de fête,
magnifiques témoins des traditions nomades
révolues. Les plus âgées les portent encore
lors des grandes occasions, les plus jeunes s'y
refusent catégoriquement ! La mode a banni
cette archaïque parure, les lunettes de soleil
sont bien plus tendance.
Je devine néanmoins la fierté secrète
et le plaisir sincère pour elles de se prêter
au jeu, et j'obtiens des femmes du village de
les immortaliser. En aucun cas un homme
ne doit entrer dans la pièce pendant la séance
et les surprendre ainsi vêtues. Elles me font
promettre de ne montrer à personne les
photos de groupe prises ce jour-là.
Parole tenue.

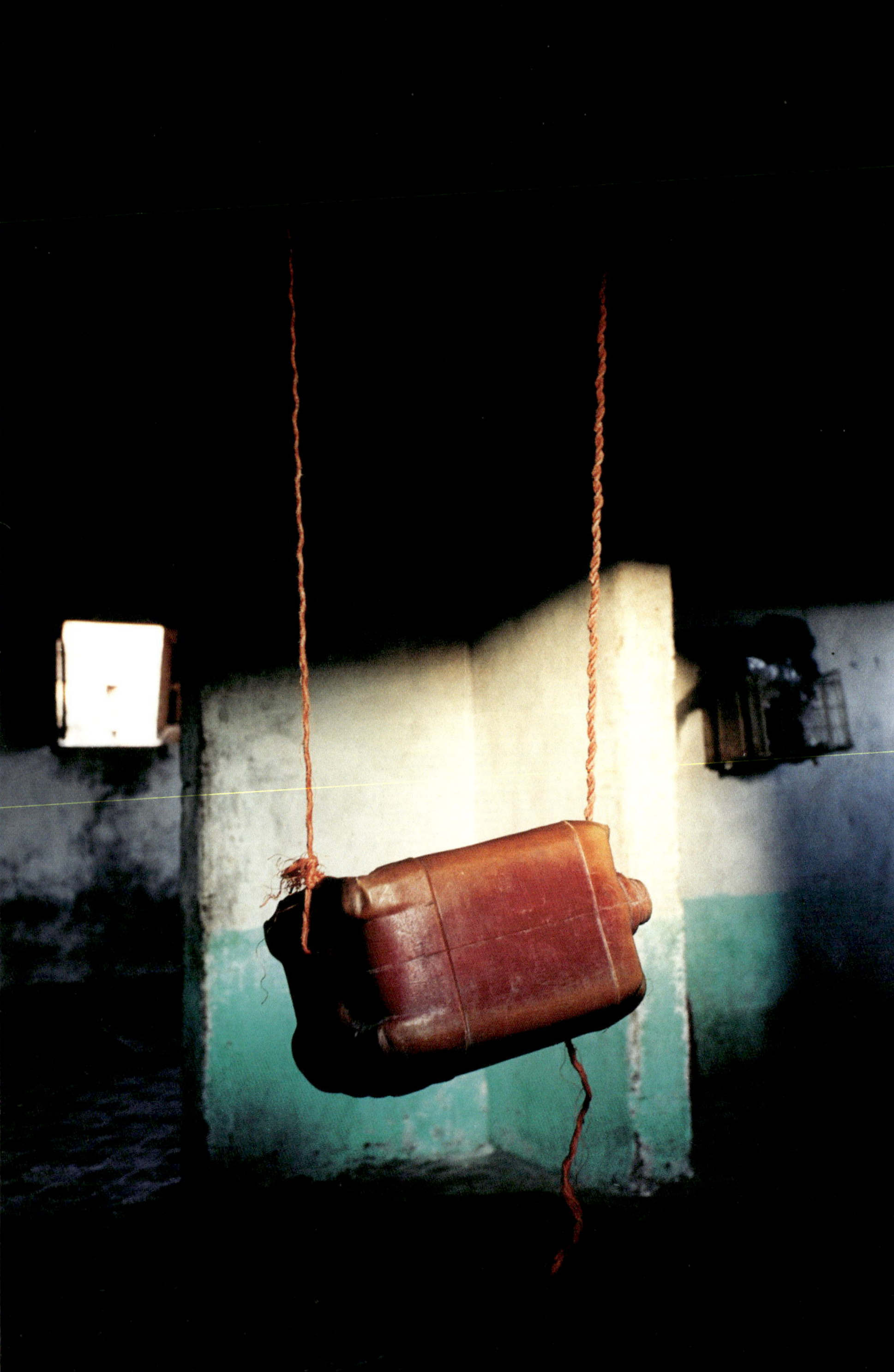

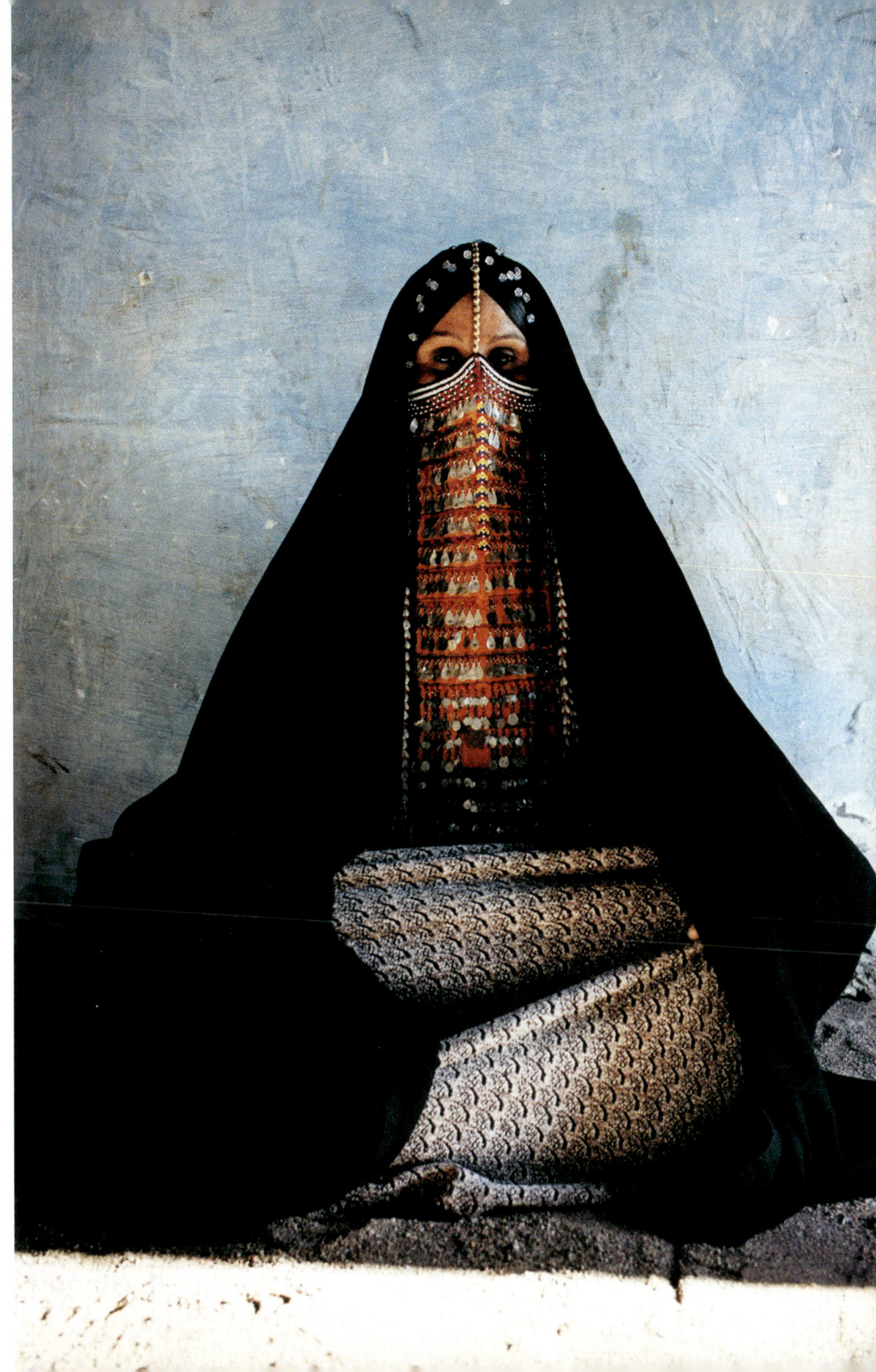

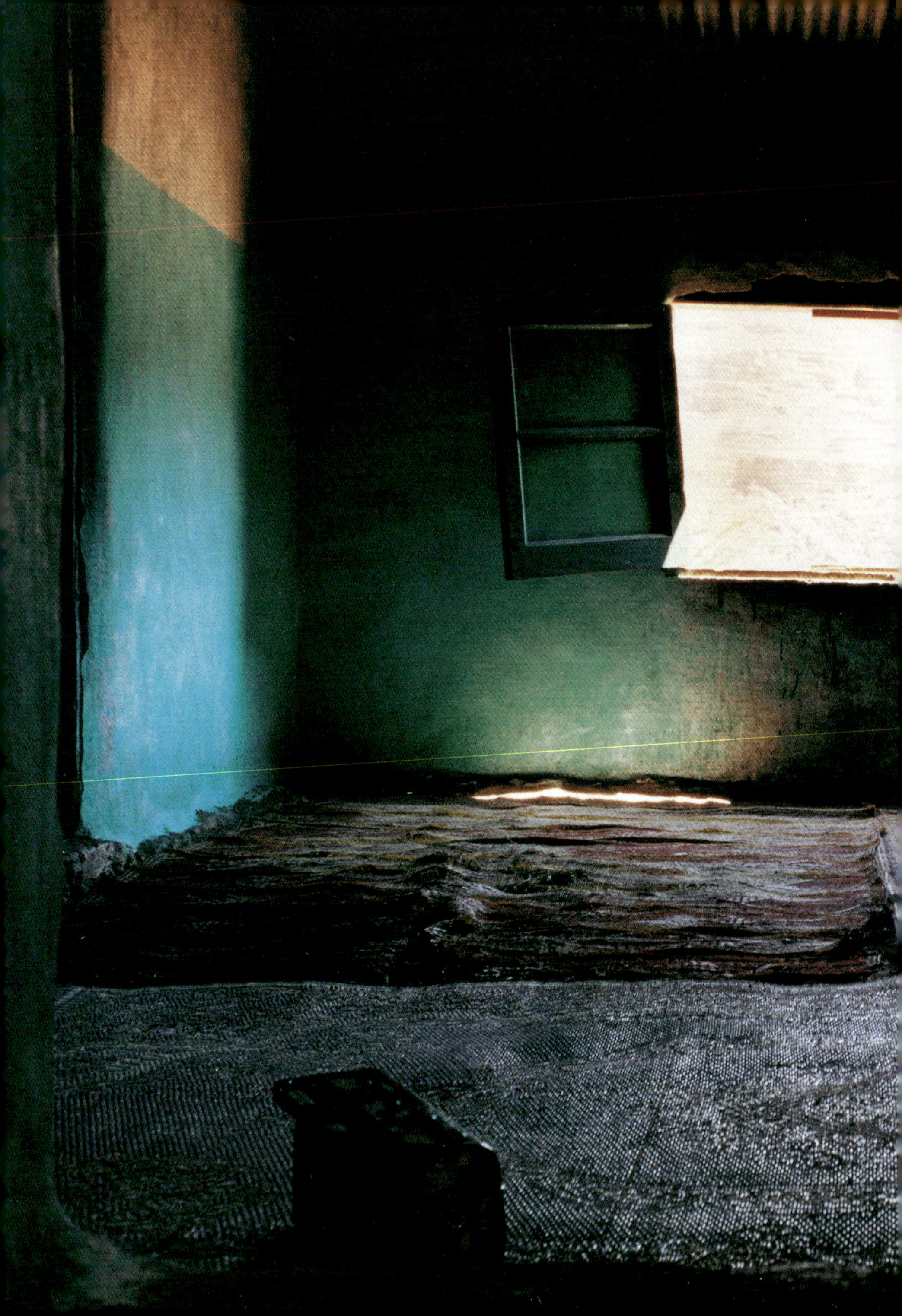

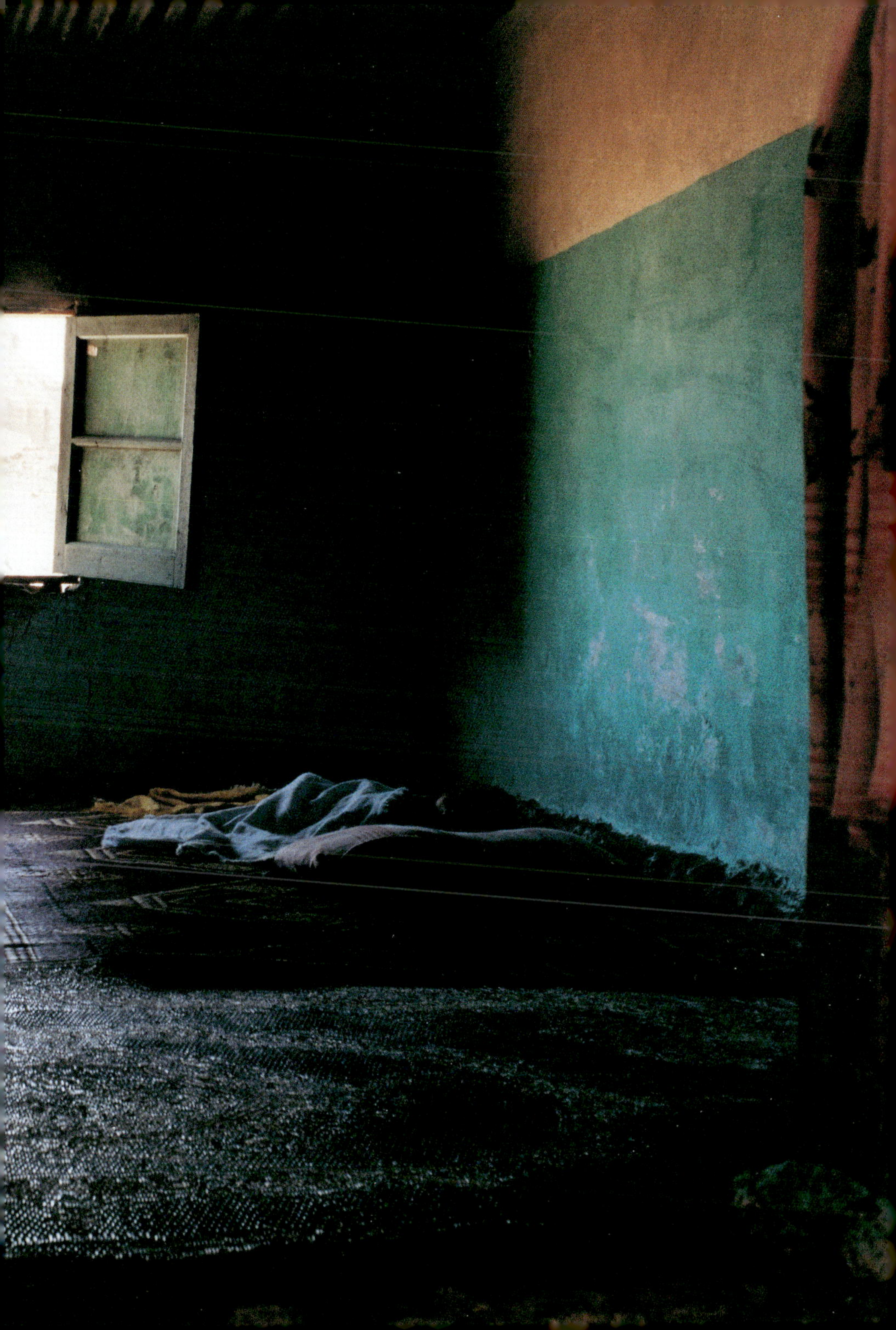

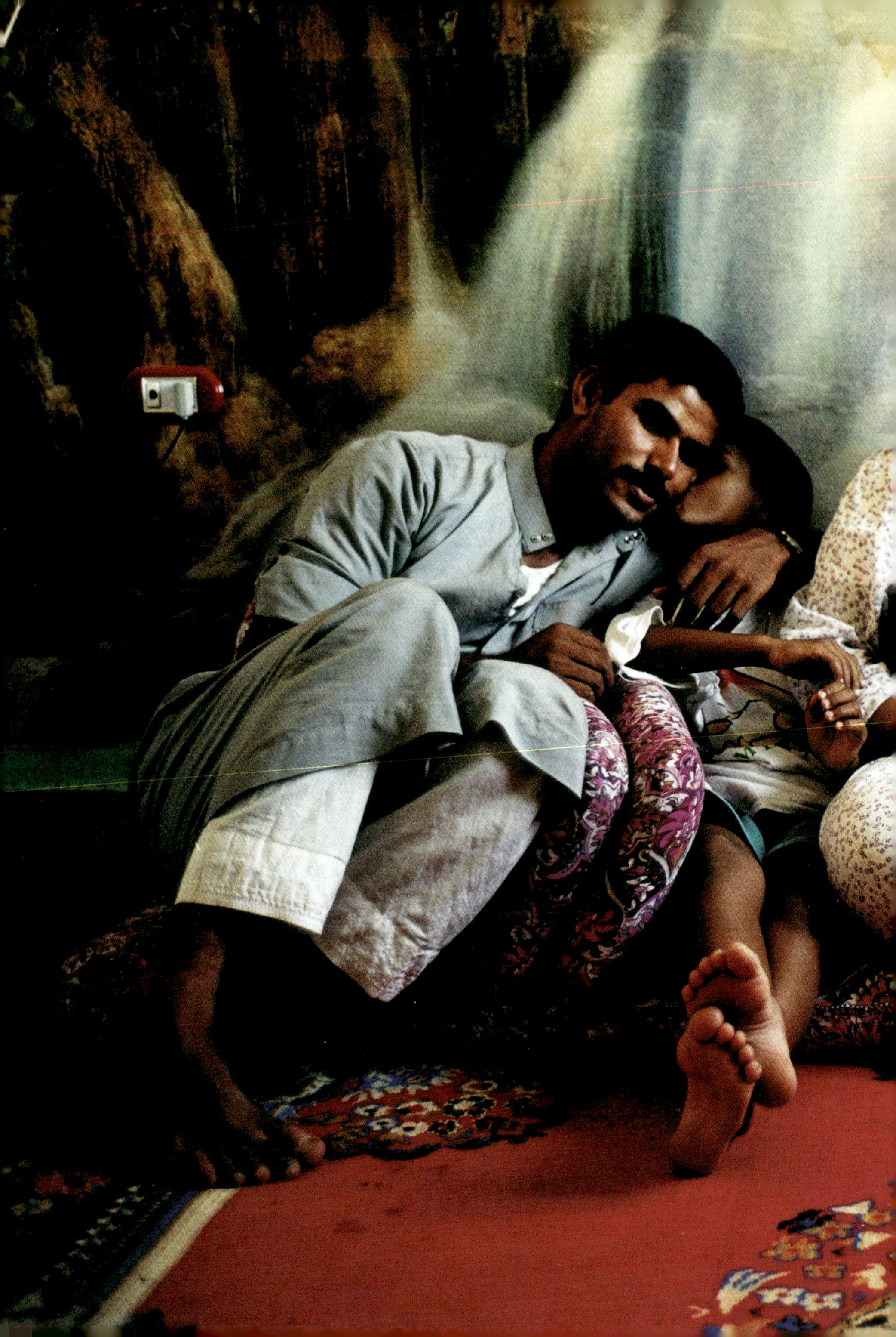

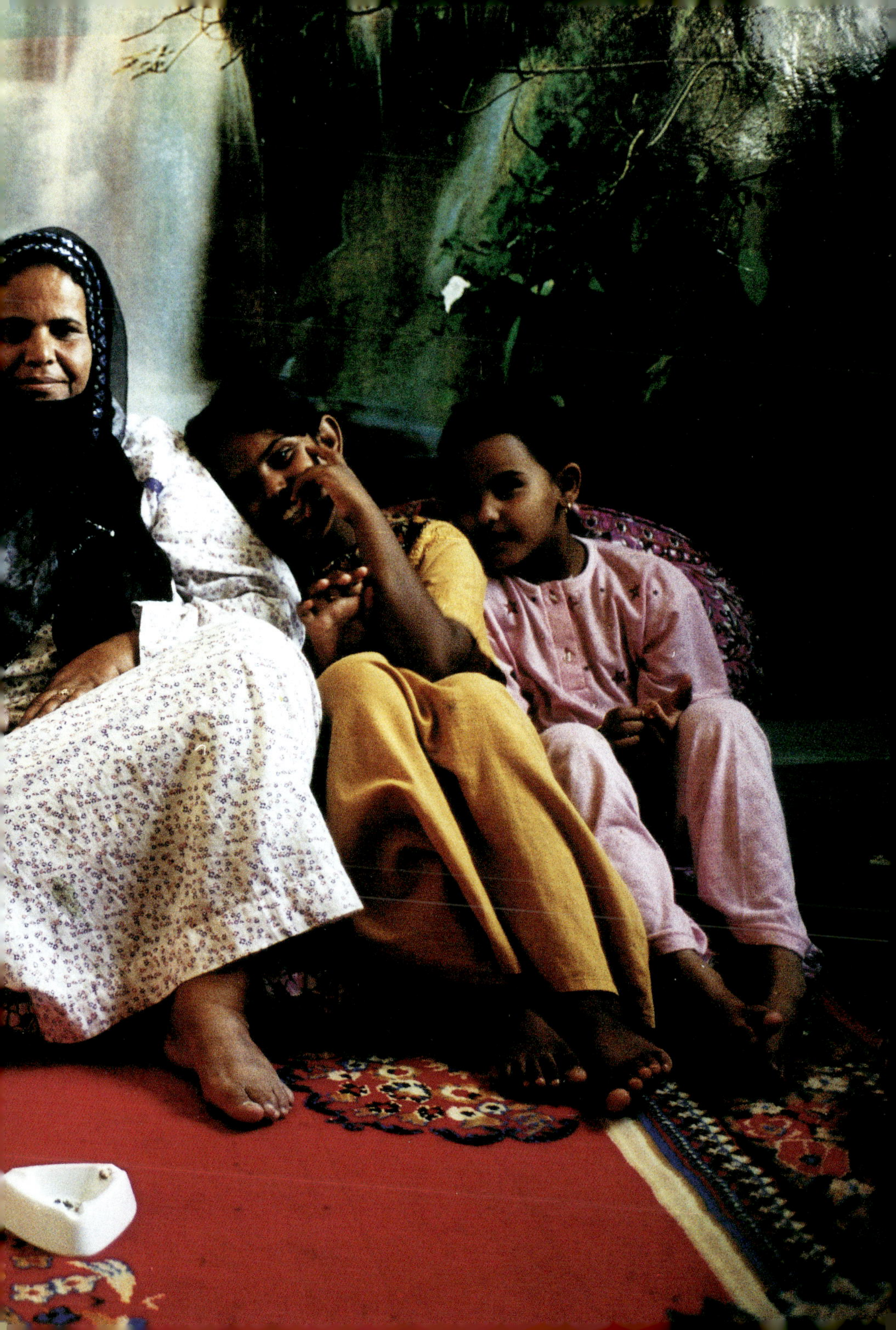

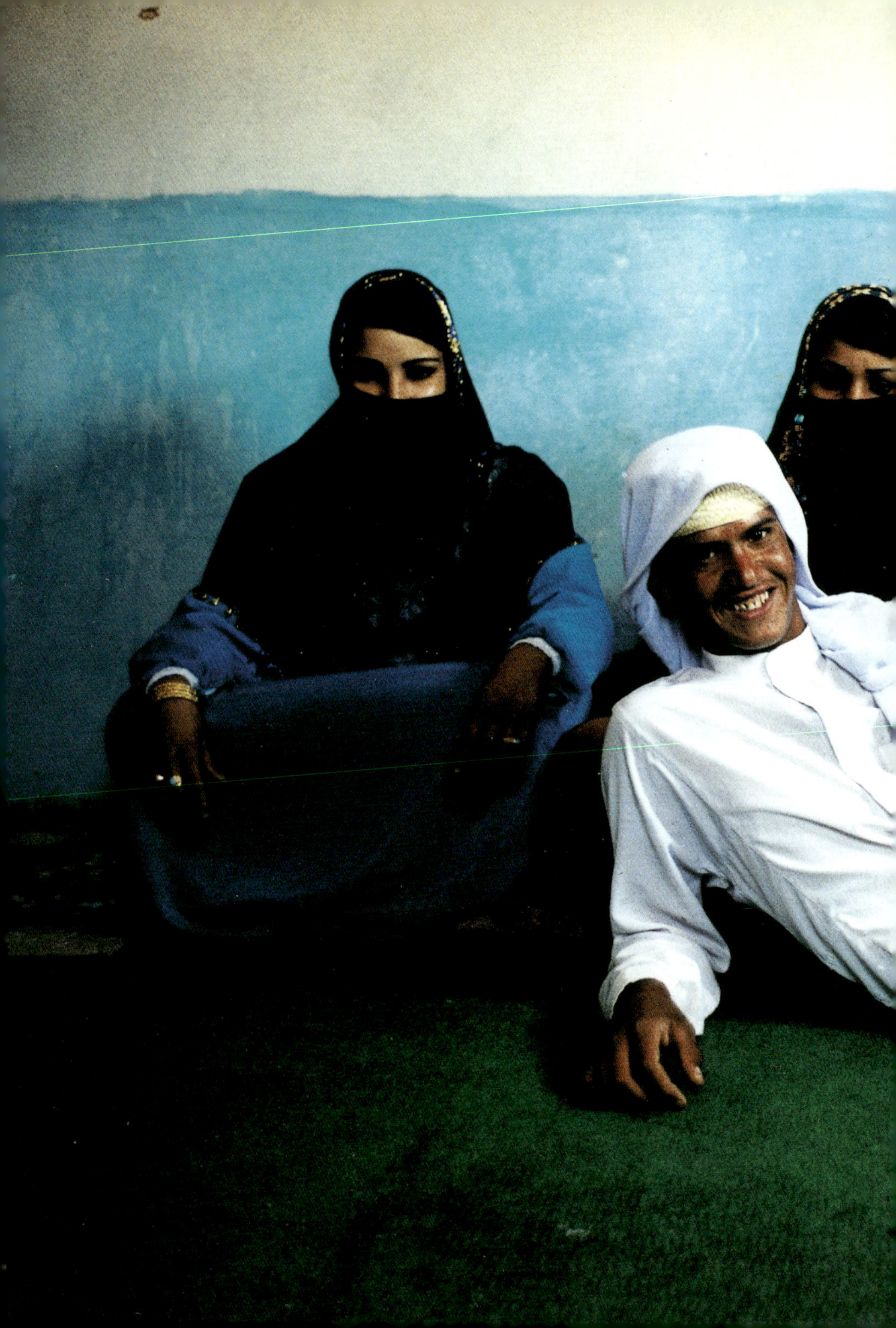

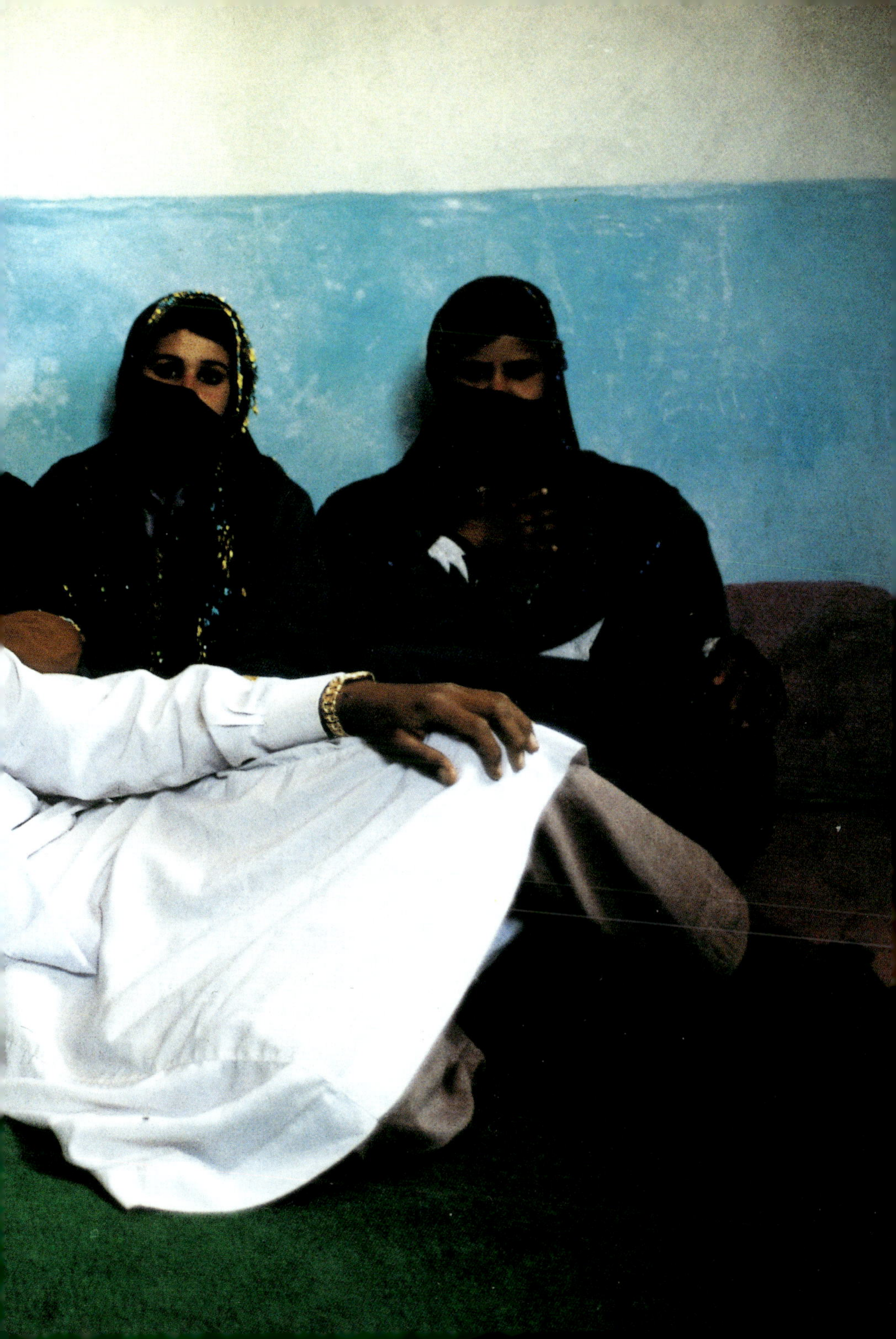

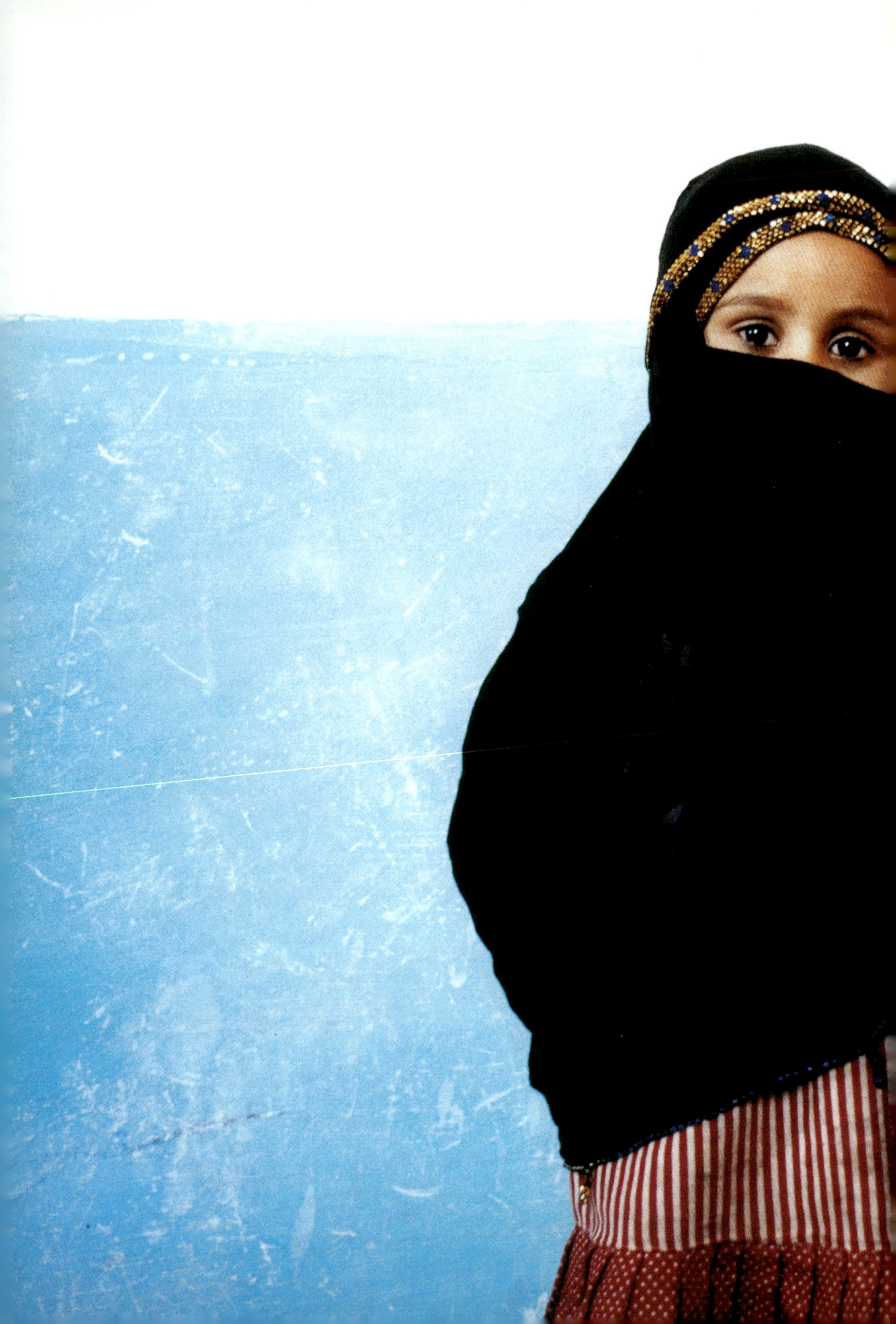

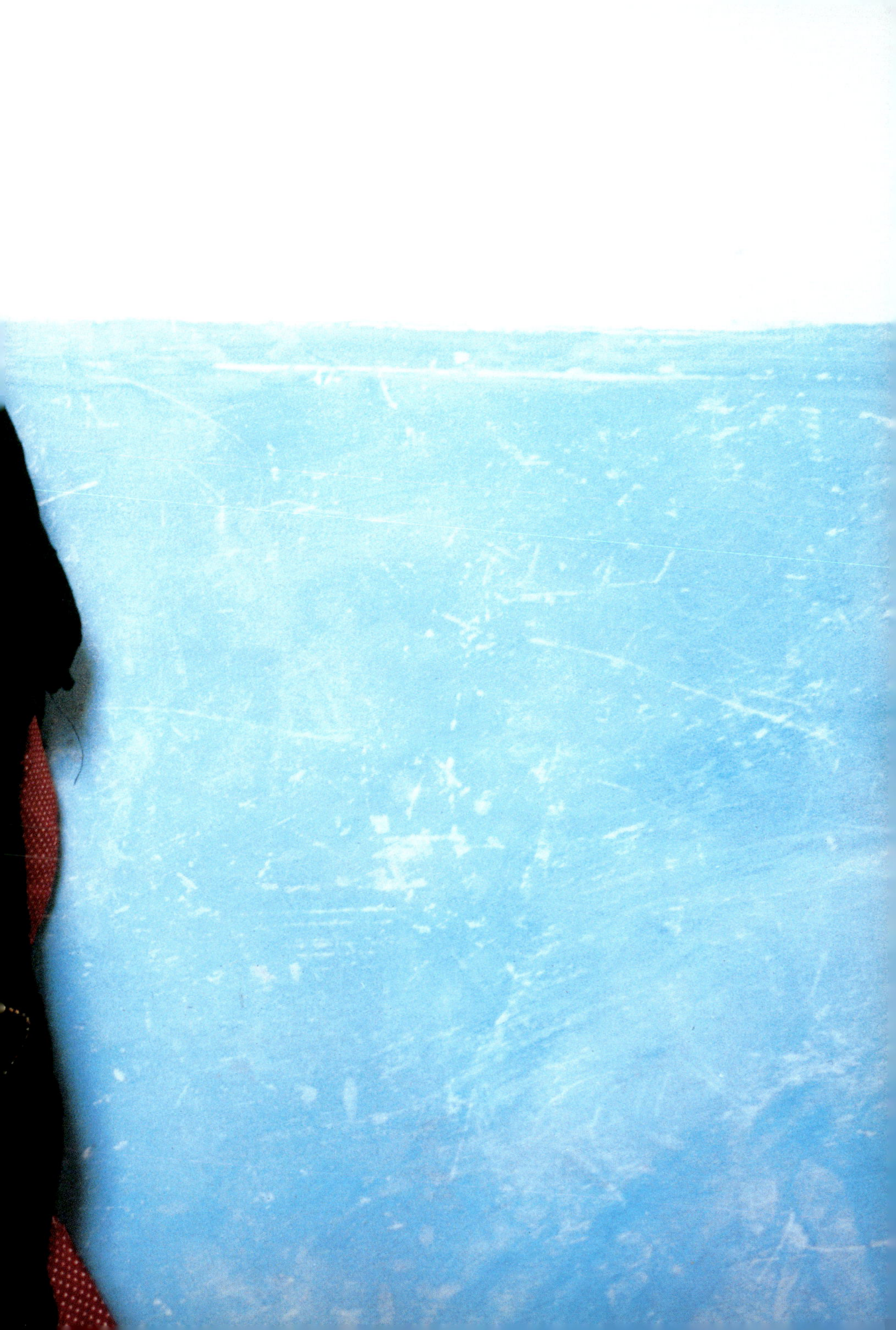

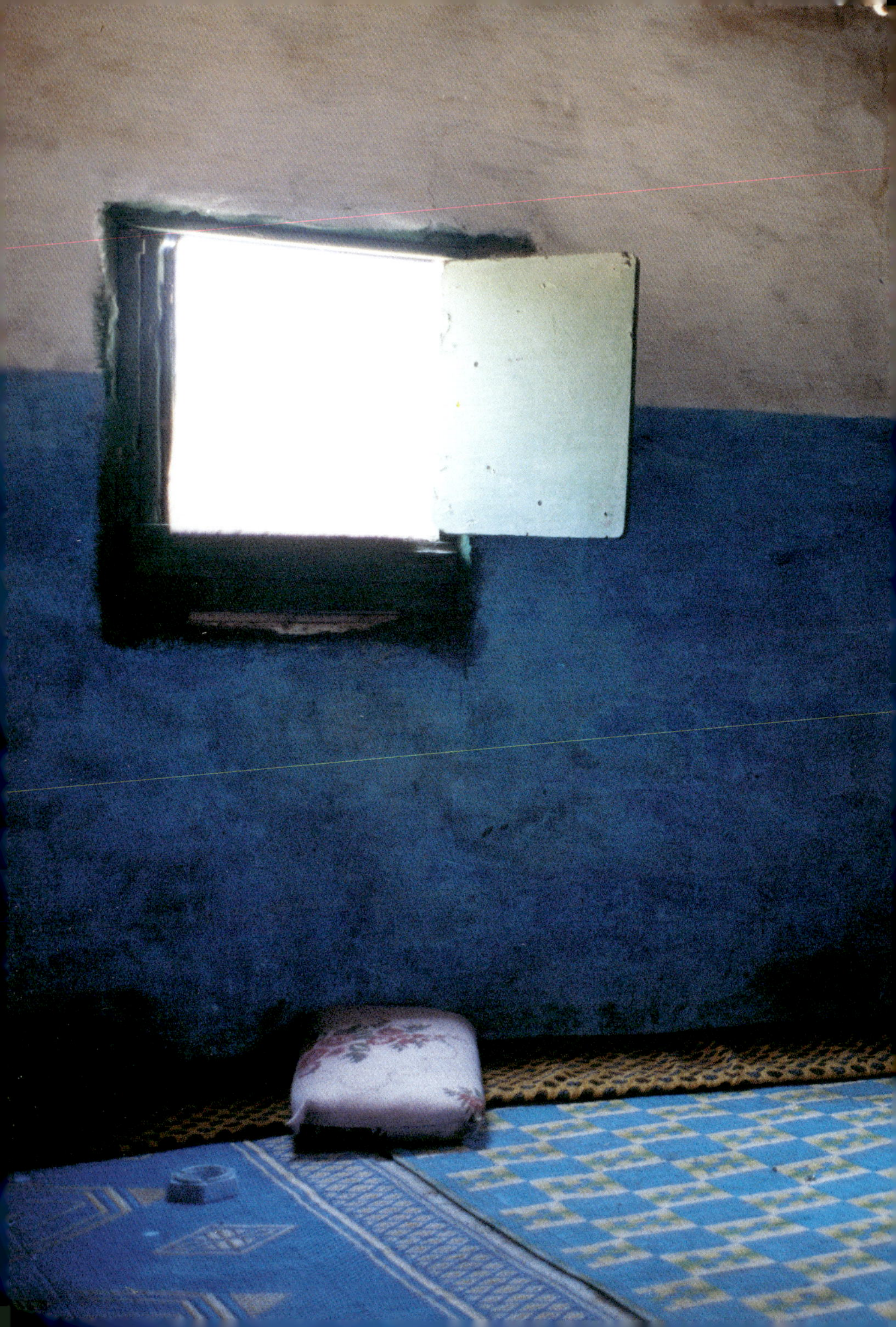

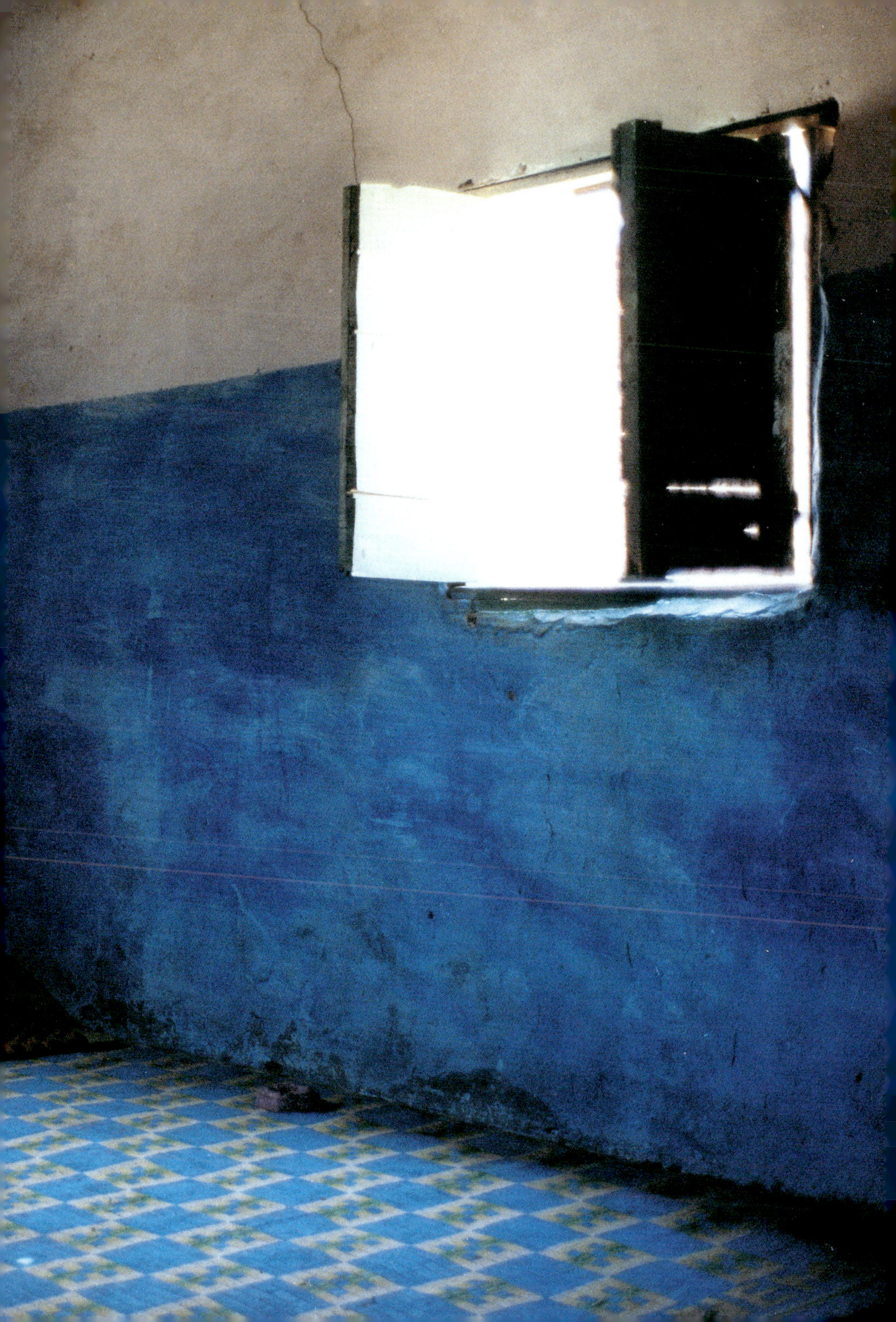

سارة، اربع سنوات ونصف، تمسك بحجاب وتضعه كما تفعل امها. فرحتها كبيرة لتمكنها في لمح البصر من الافصاح عن المرأة التي تحلم منذ الآن ان تكونها. سوف تنتظر بلوغها لكي تتذوق كليا متعة اللعب بالاحجبة. تقوم النسوة المرتديات الحجاب المزين باللؤلؤ الملون حسب لون الفساتين، وهن جالسات القرفصاء يفتلن خيوط الصوف، وينسجنها ويطرزنها ويخيطنها على آلات الخياطة سنجر، ويقمن بغسل ملابس الرجال، وتحضير الشاي، وفطائر الخبز، وحلب الماعز، وخض حليب النوق... يرافقن القطعان وهن لابسات الجلبيات السوداء الطويلة، يمشين لساعات طويلة لجمع الحطب، وجلب الماء من الآبار. فحياتهم اليومية قليلا ما تتغير فهي متناسقة مع اعباء لا تتغير. في الليل، مع احتفاظهن بلمسة جمالهن، يلفن الغطاء حول انفسهن لينمن بجانب الاطفال وهن يضعن قطعة من الحجاب على اعينهن.

Sara, four and a half, suddenly grabs a veil, and faces the camera. The time of a shutter-click, she reveals something of the woman that she already dreams of becoming. But she will have to await puberty before being able to play with these ornaments, as her mother does. The women, sitting cross-legged, spin wool, weave, embroider, sew on Singer sewing machines, wash the men's clothes, prepare the tea, the slabs of bread, milk the goats, beat the camel milk... Dressed in long black galabiah, they accompany the animals, walk for hours to find wood, bring the water back from the well. Their daily life changes little, rhythmed as it is by unchanging tasks. At night, with a certain coquetry, they roll themselves up in a cover and go to sleep near the children, throwing a piece of veil over their eyes.

Sara a quatre ans, soudain elle se saisit d'un
voile et fixe l'appareil. Le temps d'un déclic,
elle révèle la femme qu'elle rêve déjà d'être.
Mais elle attendra sa puberté pour jouer
comme sa mère de ses parures.
Les femmes, assises en tailleur, filent la laine,
tissent, brodent, cousent sur les Singer, lavent
le linge des hommes, préparent le thé, les
galettes de pain, traient les chèvres, battent
le lait de chamelle…
Revêtues de leur longue galabiah noire, elles
accompagnent les bêtes, marchent des heures
durant pour ramasser du bois, rapportent
l'eau du puits. Leur vie quotidienne change
peu, rythmée par des tâches immuables.
La nuit, toujours coquettes, elles s'enroulent
dans une couverture et s'endorment
près des enfants, un pan de voile sur
leurs yeux.

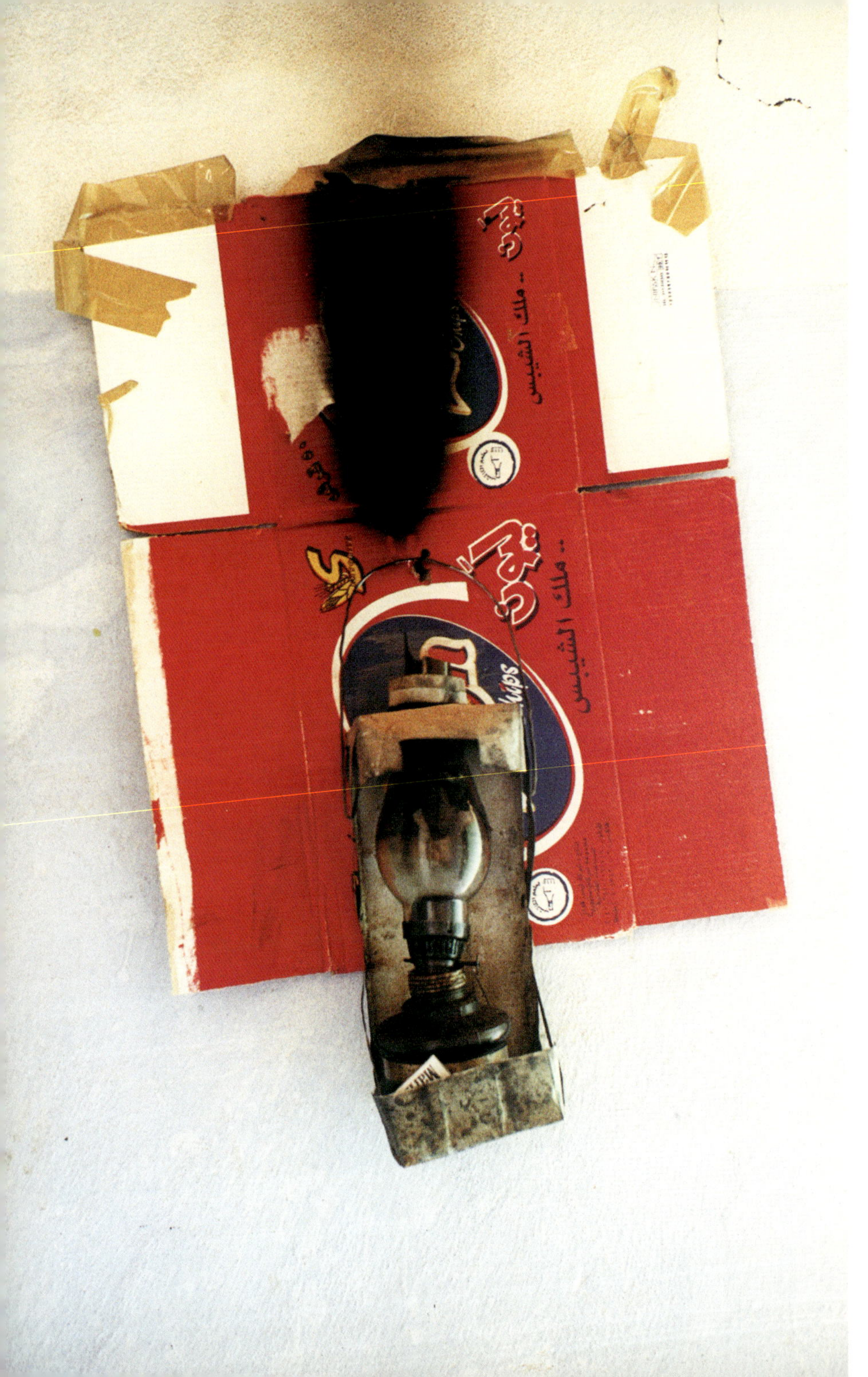
شيبس
ملك الشيبس
شيبس
هلك الشيبس
Salips
Chips

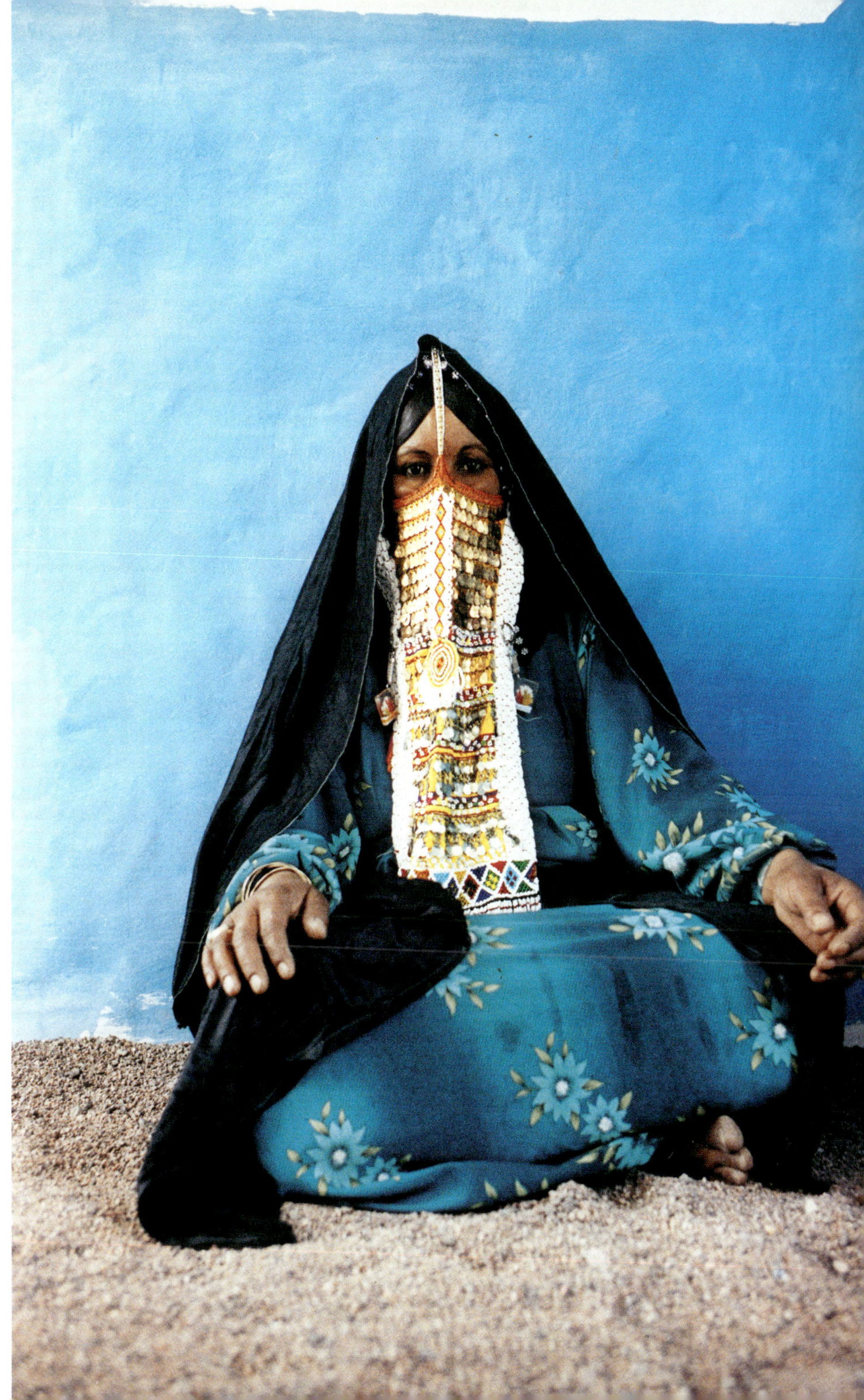

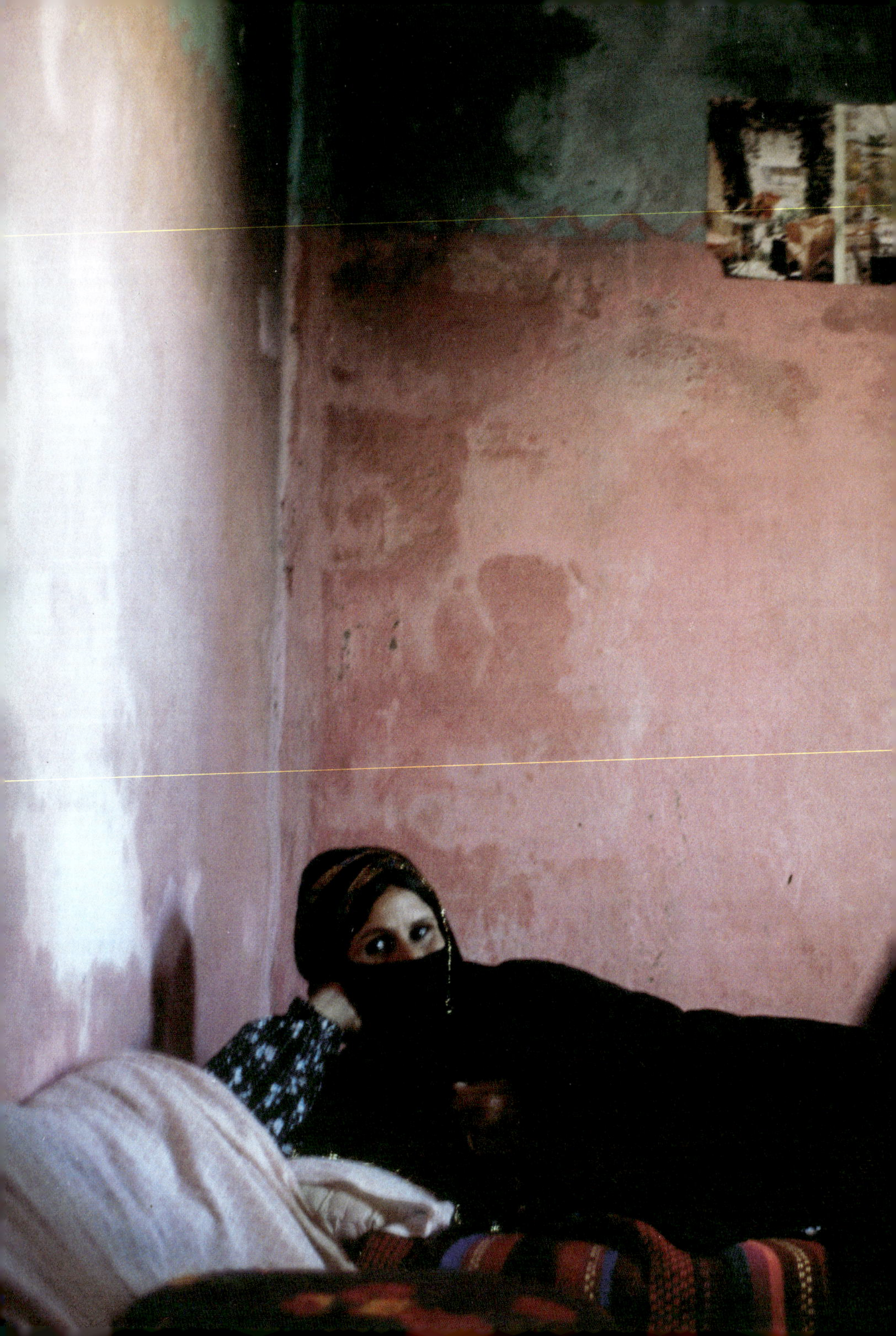

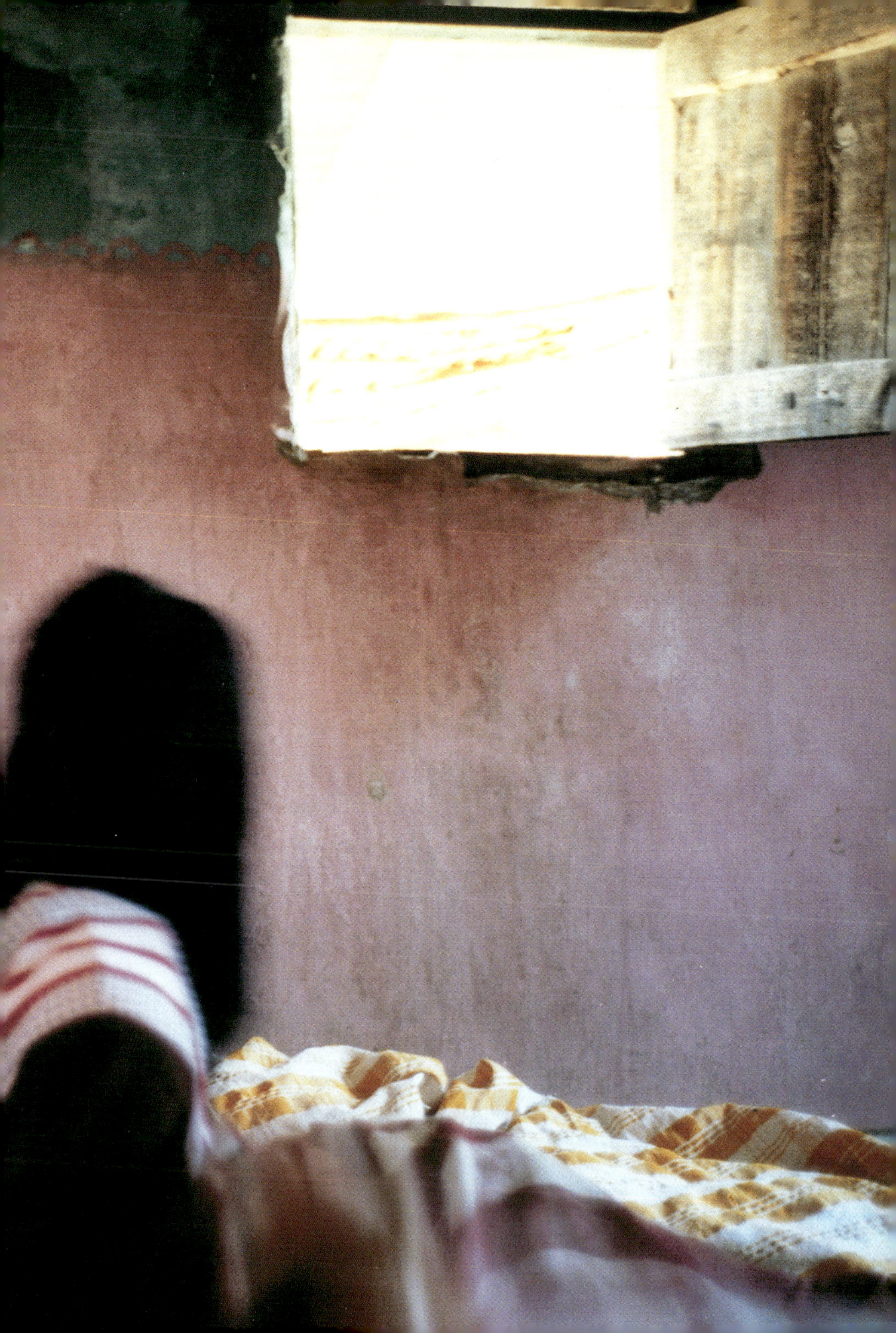

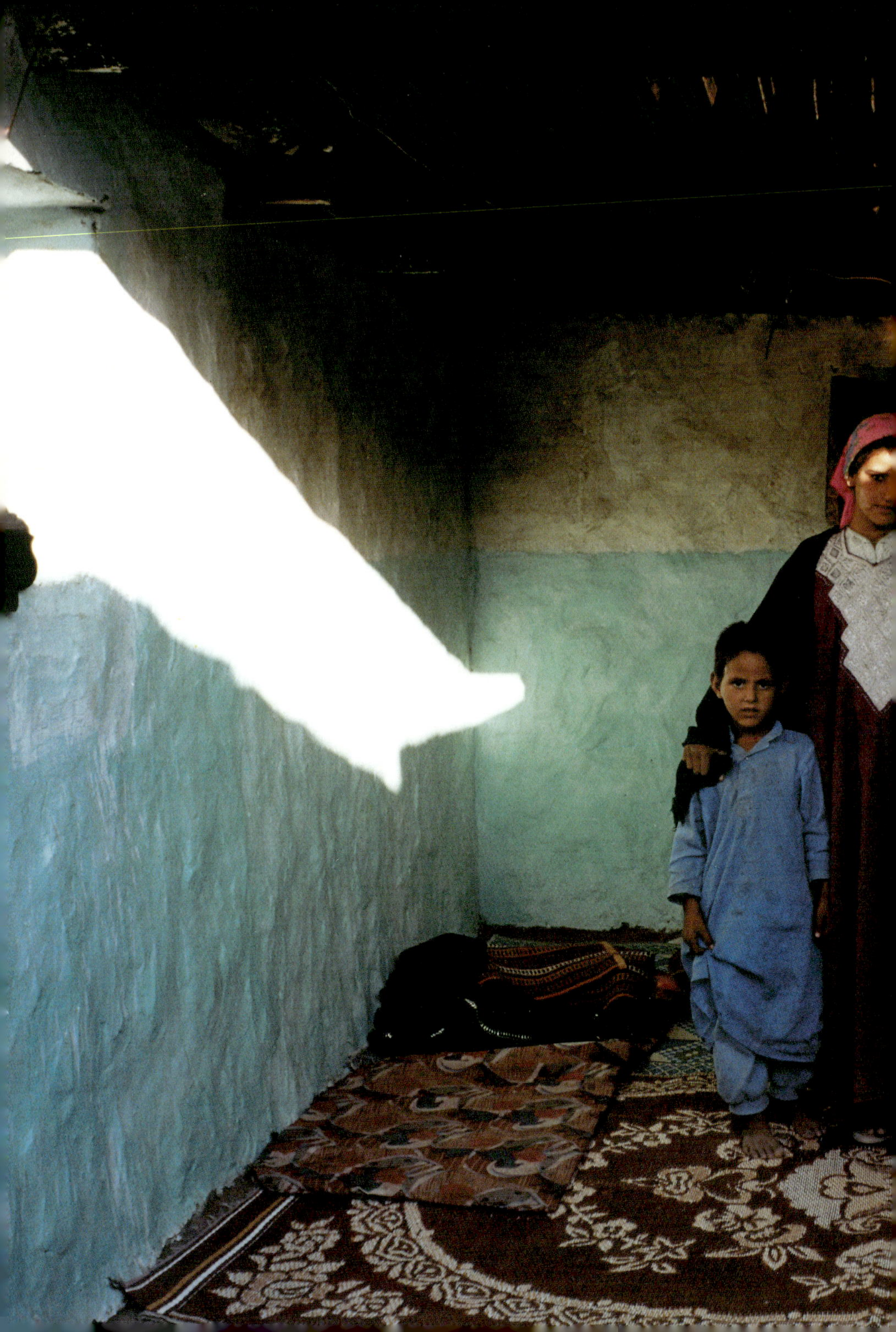

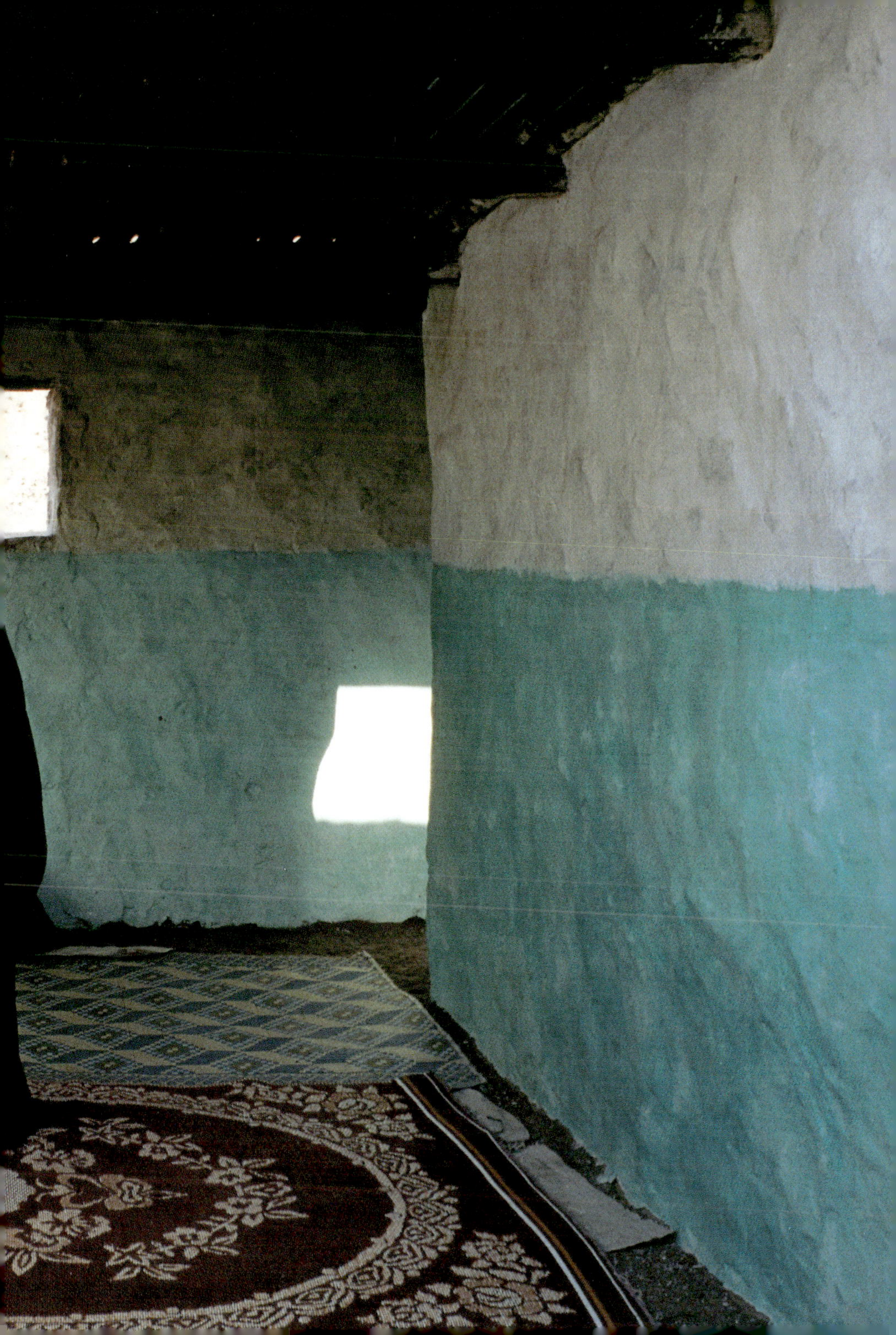

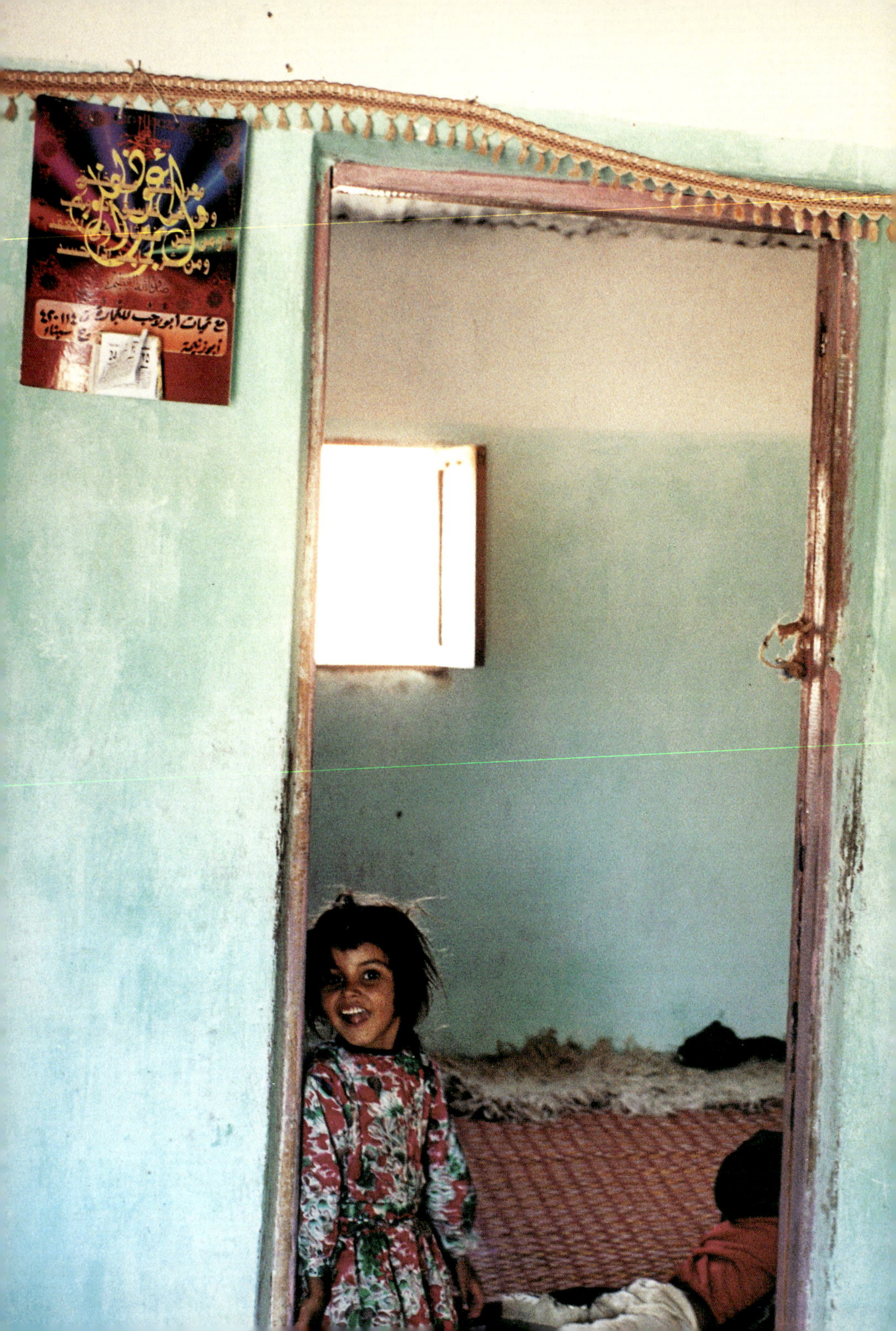
ومن
مع محلات أبو رجب للسيارات   ٤٥٠١١٢
أبو زنيمة   سيناء

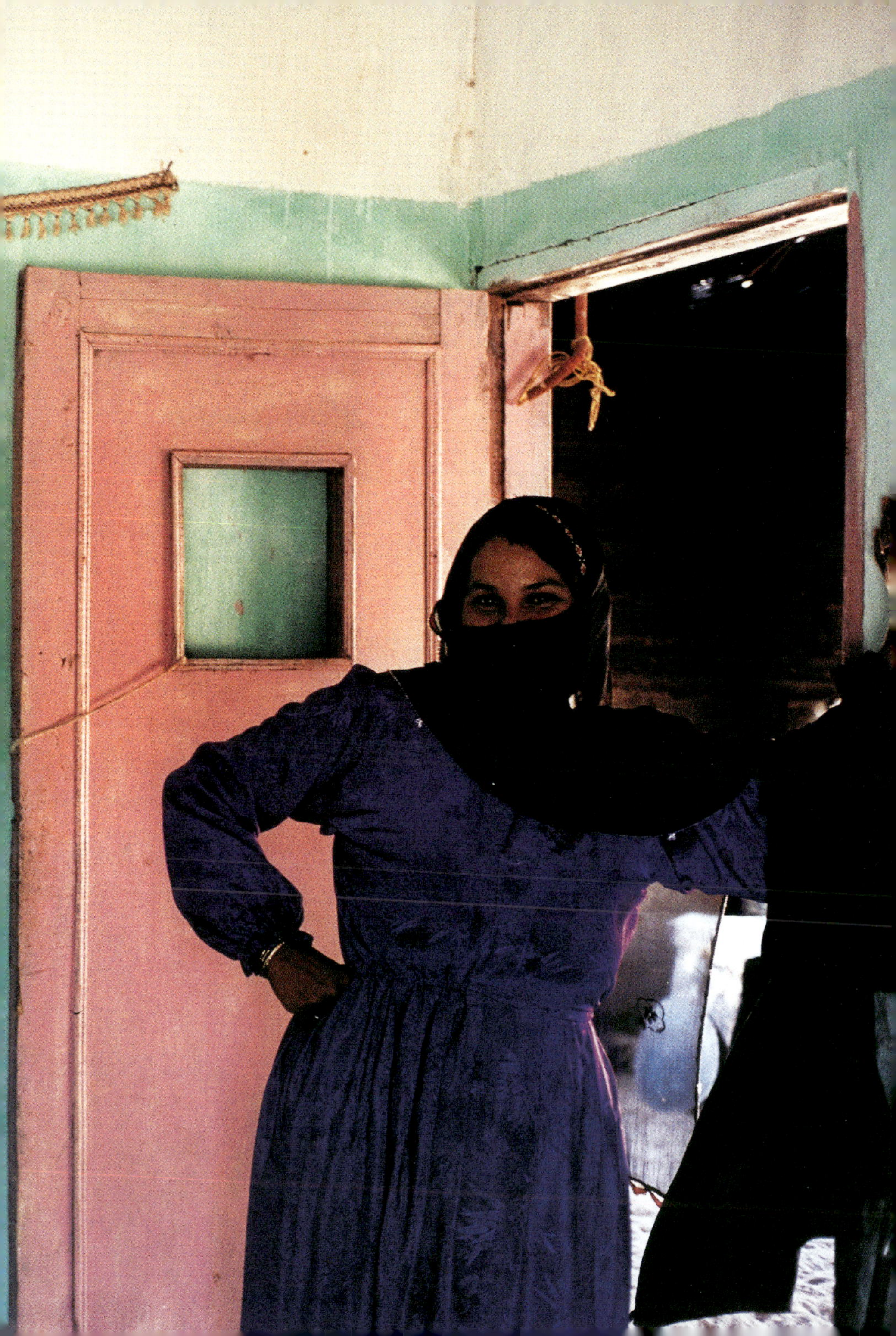

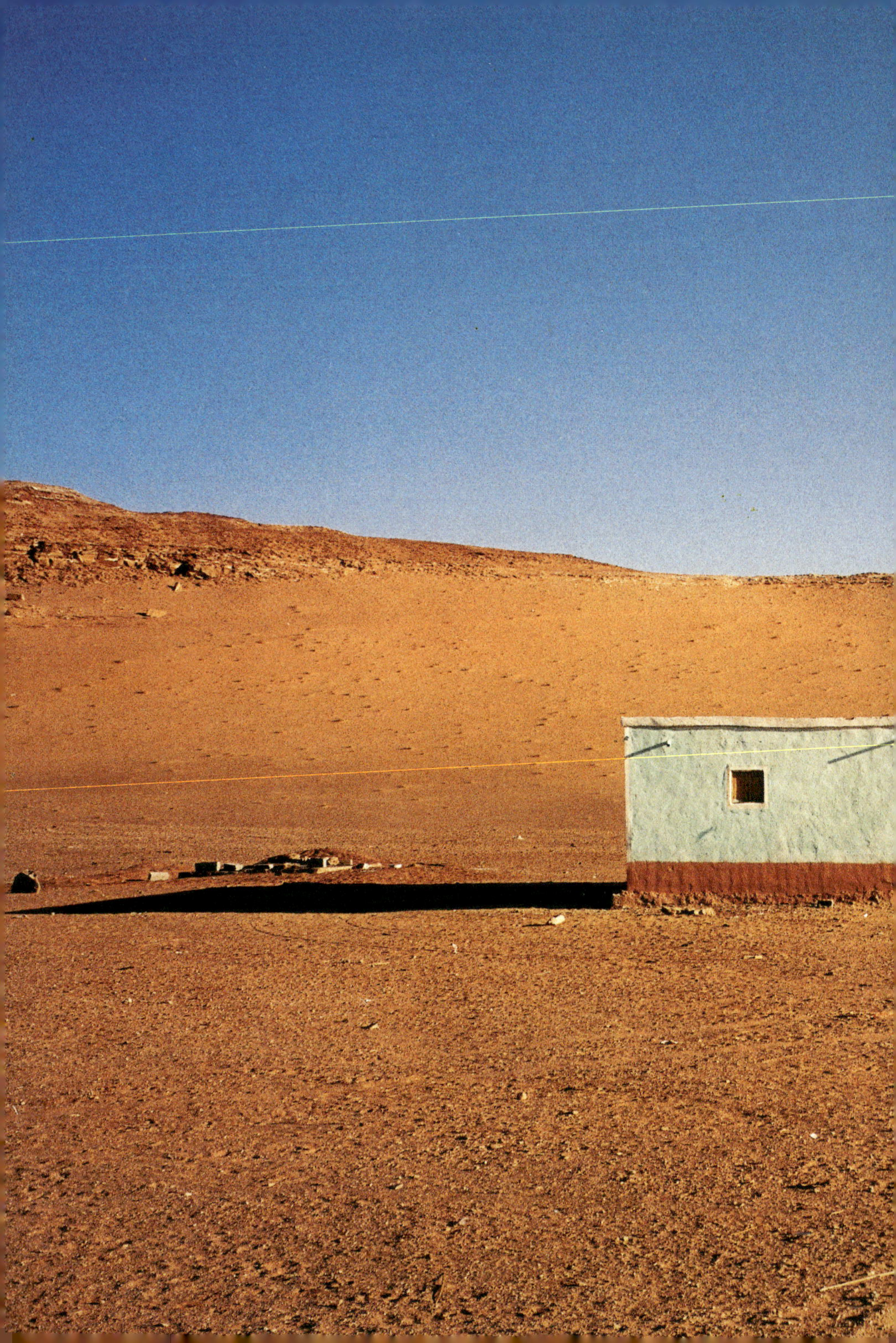

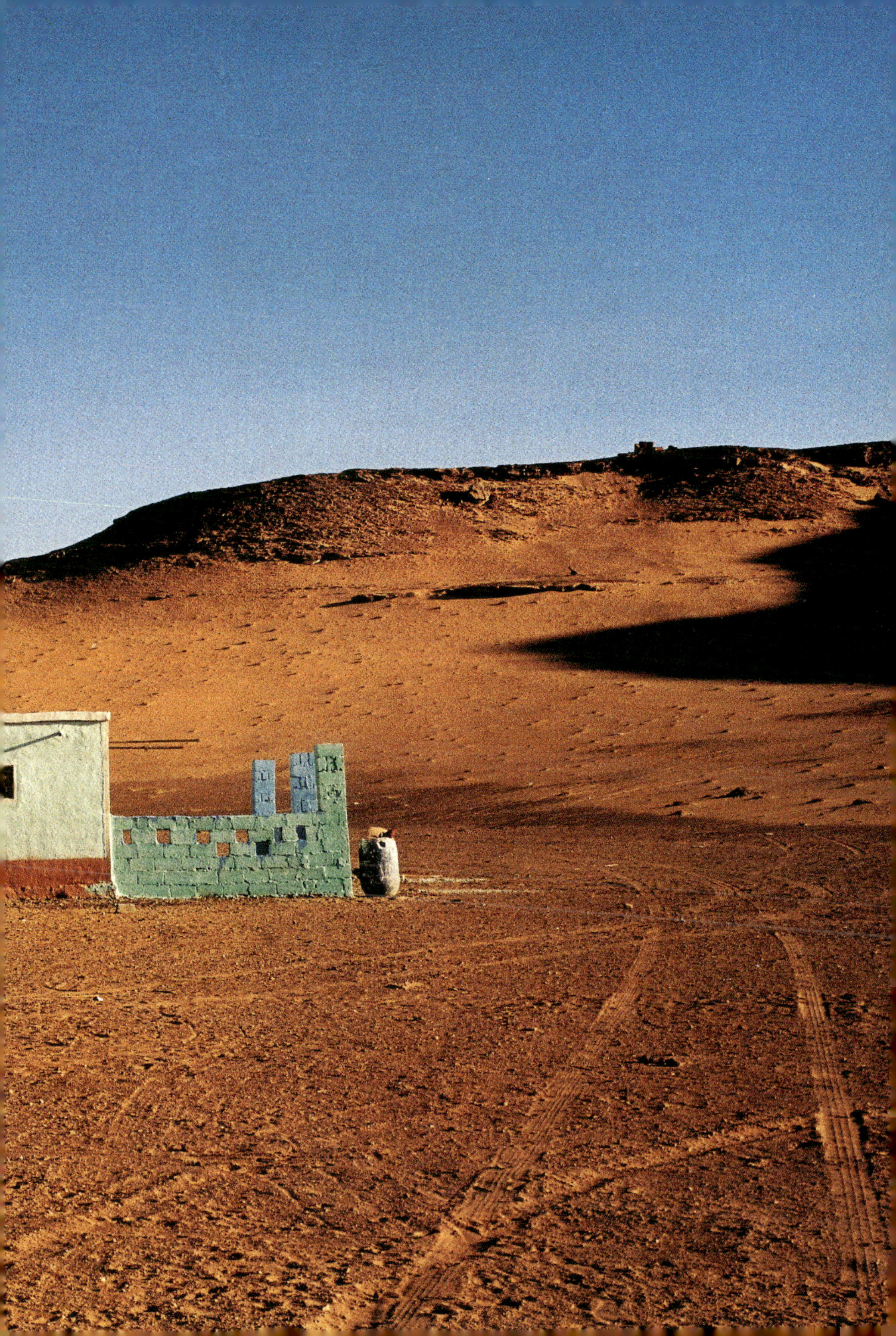

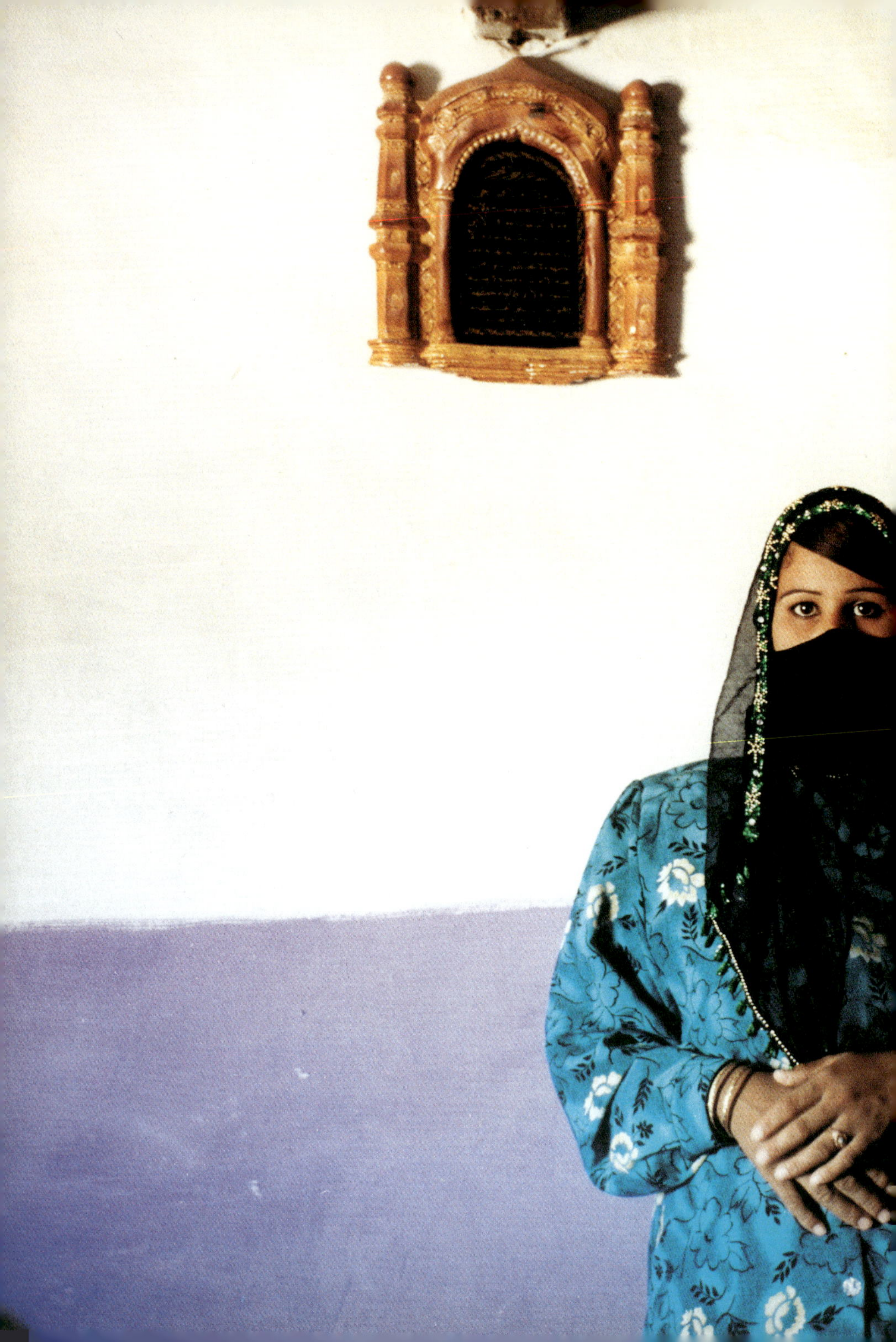

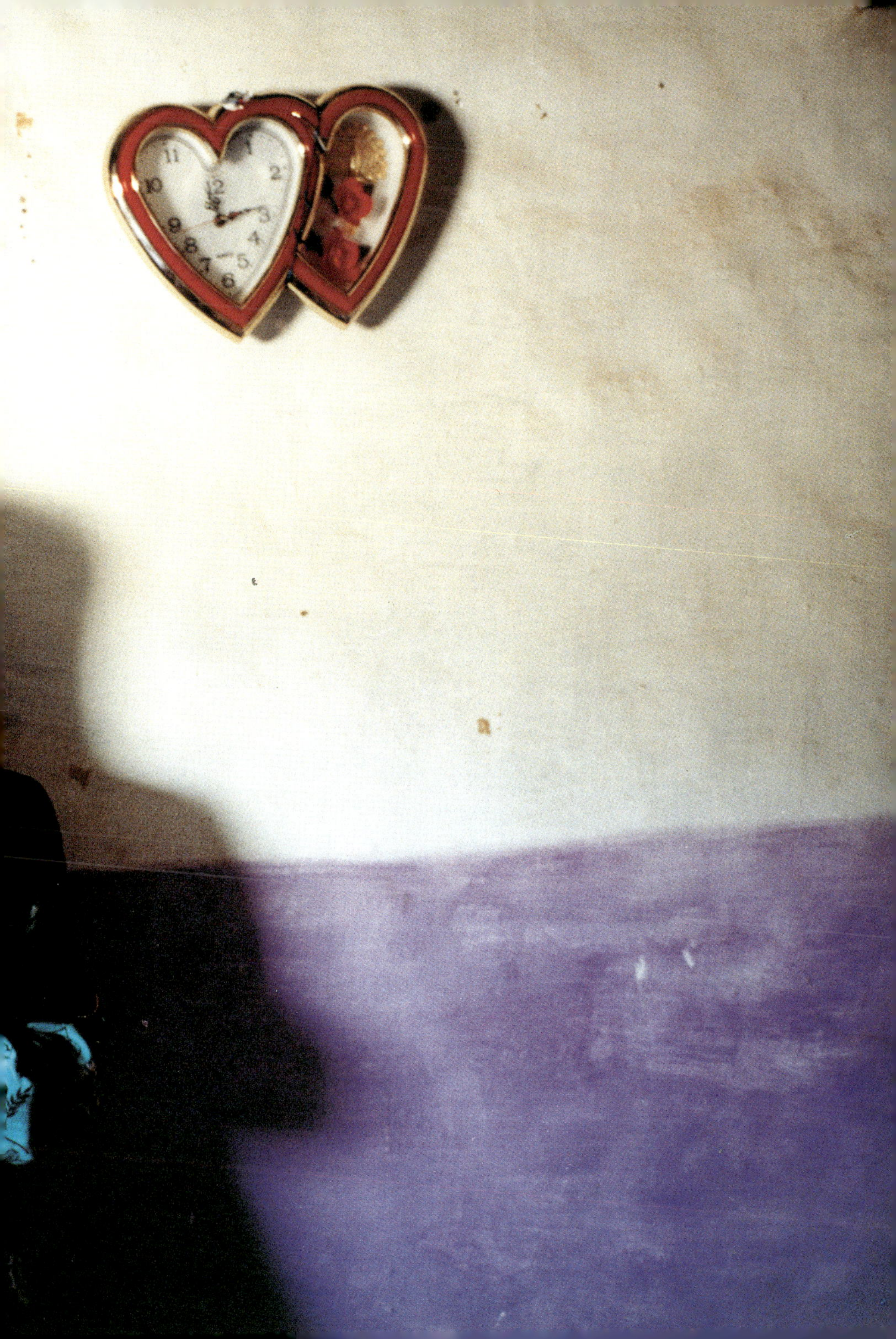

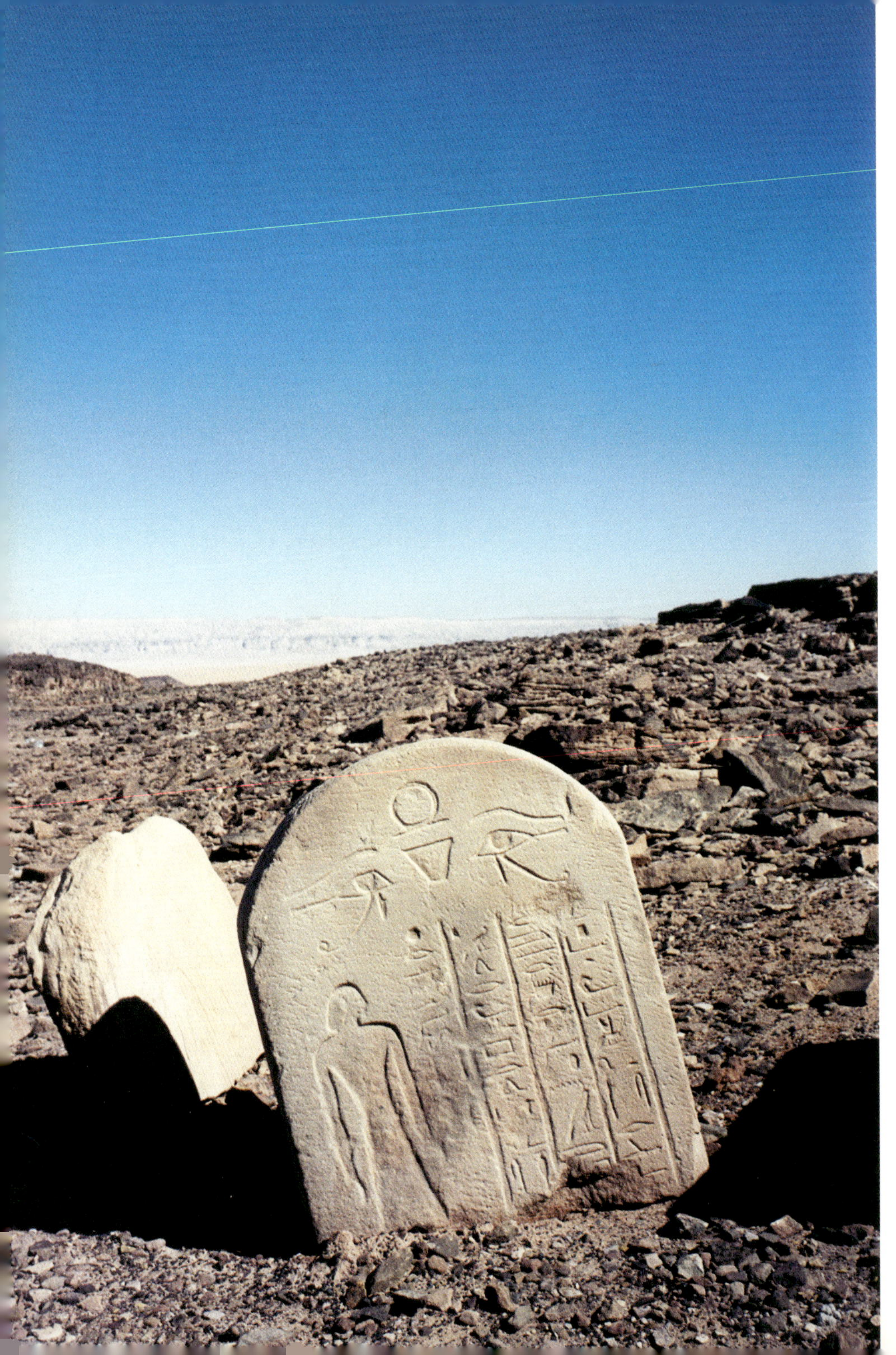

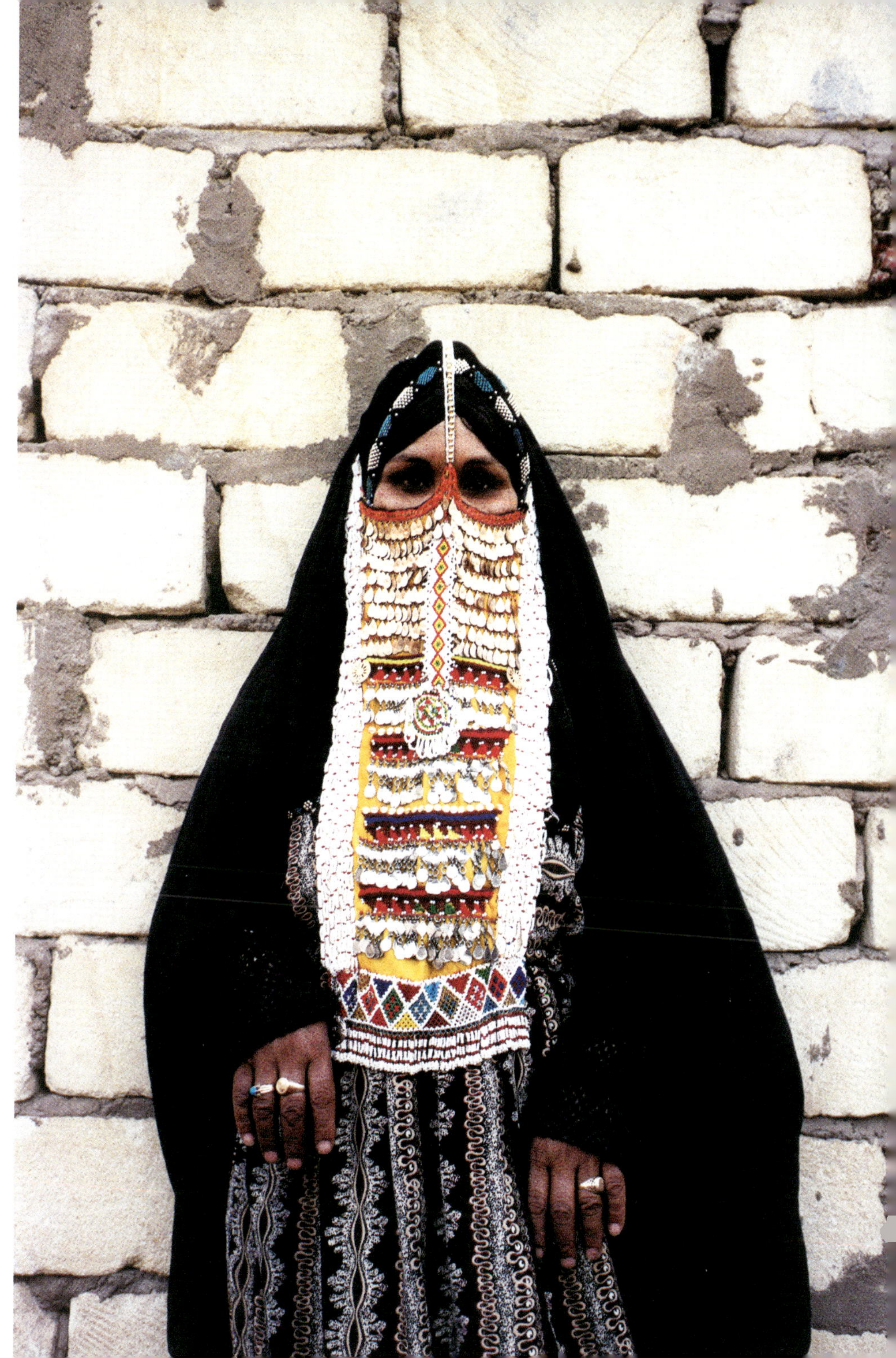

القرية، حافظة المعبد المصري. السياحة تنقلهم من الفقر الى بساطة الحياة. القبيلة تقوم بحراسة آثار المعبد المصري الوحيد المبني في سيناء، فوق منجم كبير للفيروز من مصر القديمة. هذا المعبد كان مخصصا للآلهة حاتور وسودبو، اله الصحراء الشرقية، الذي يحمي الرجال من المخاطر التي تاتيهم من المناطق المعادية. هذه الميزة تمنح القرية دخلا بسيطا. انها خطوة تم اجتيازها من البؤس الى الفقر البسيط.

The tribe is guardian to the ruins of the unique Egyptian temple built in the Sinai, for its turquoise mine. This privilege procures the village a modest income. It is one step from utter misery towards mere poverty. The goddess Hathor and Sodpou, warrior-god of the desert, who protects men from the dangers to these inhospitable regions, continue to watch over them from the height of the djebel.

La tribu est gardienne des ruines de l'unique
temple égyptien érigé dans le Sinaï, pour ses
mines de turquoise. Ce privilège procure au
village un modeste revenu. Un pas franchi
de la misère vers une simple pauvreté.
La déesse Hathor et Sopdou, dieu guerrier
du désert, qui sauvegarde les hommes des
dangers des zones inhospitalières, veillent
encore sur eux du haut du djebel.

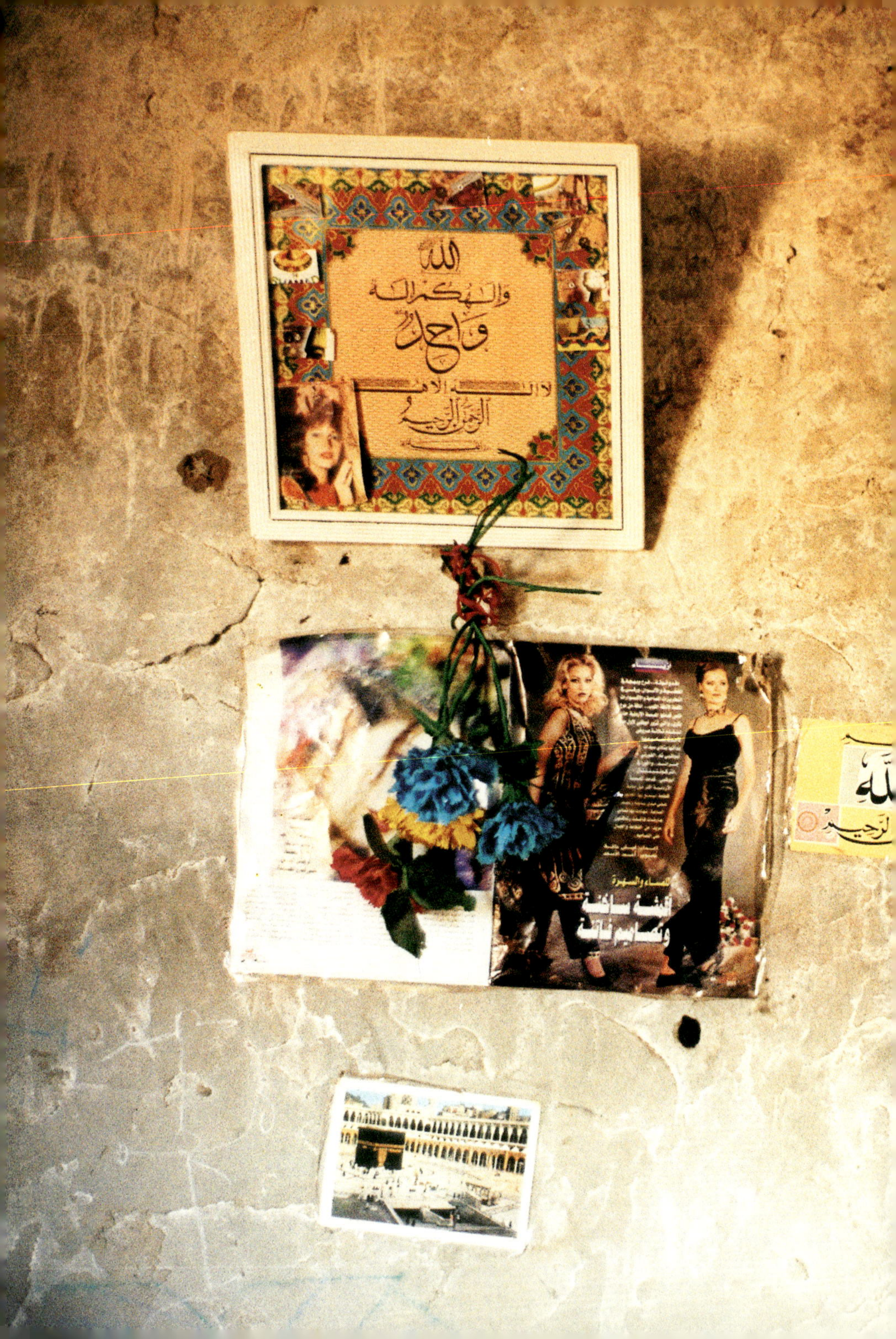

الله
والشكر لك
واحد
لا إله إلا الله
القرآن الكريم

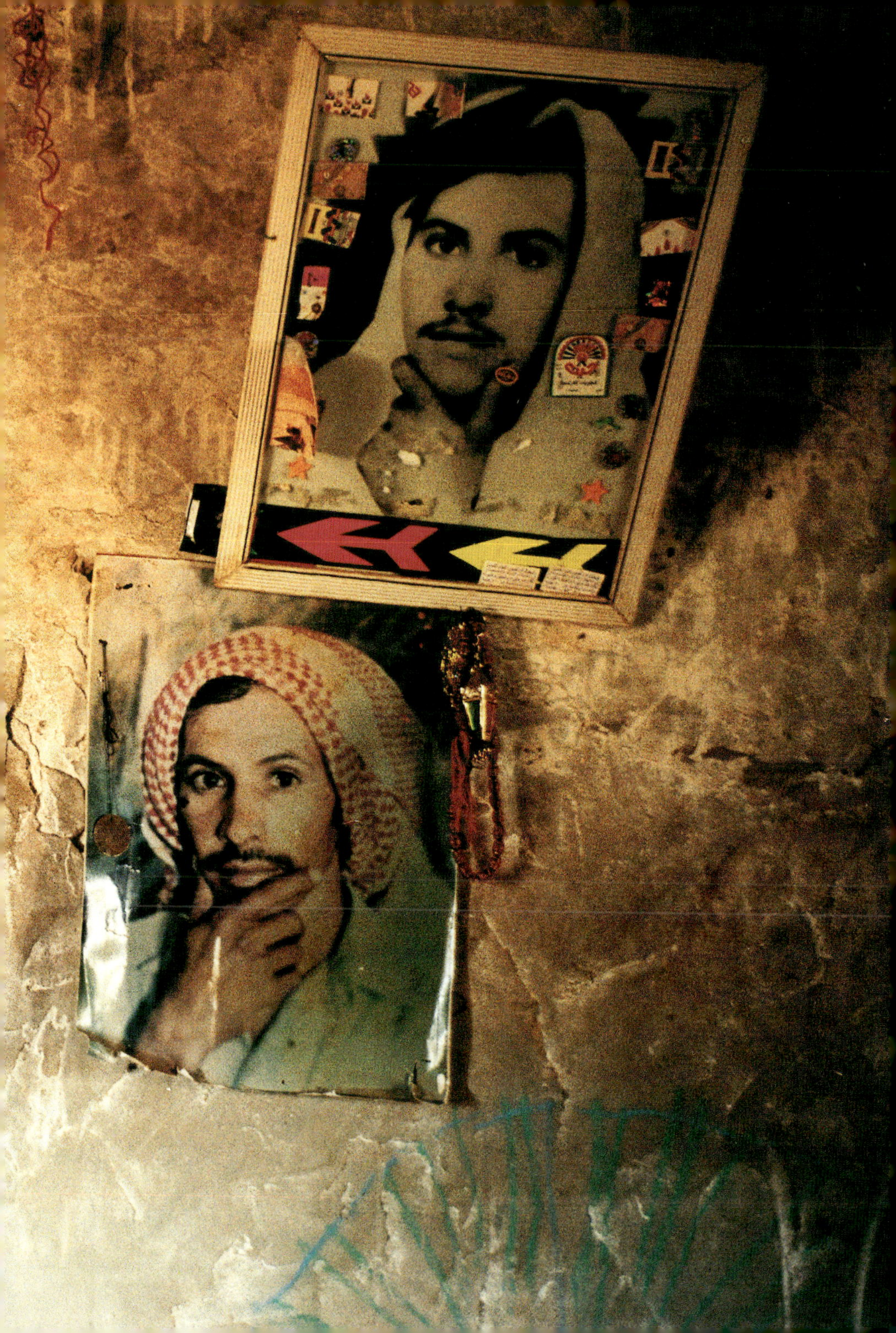

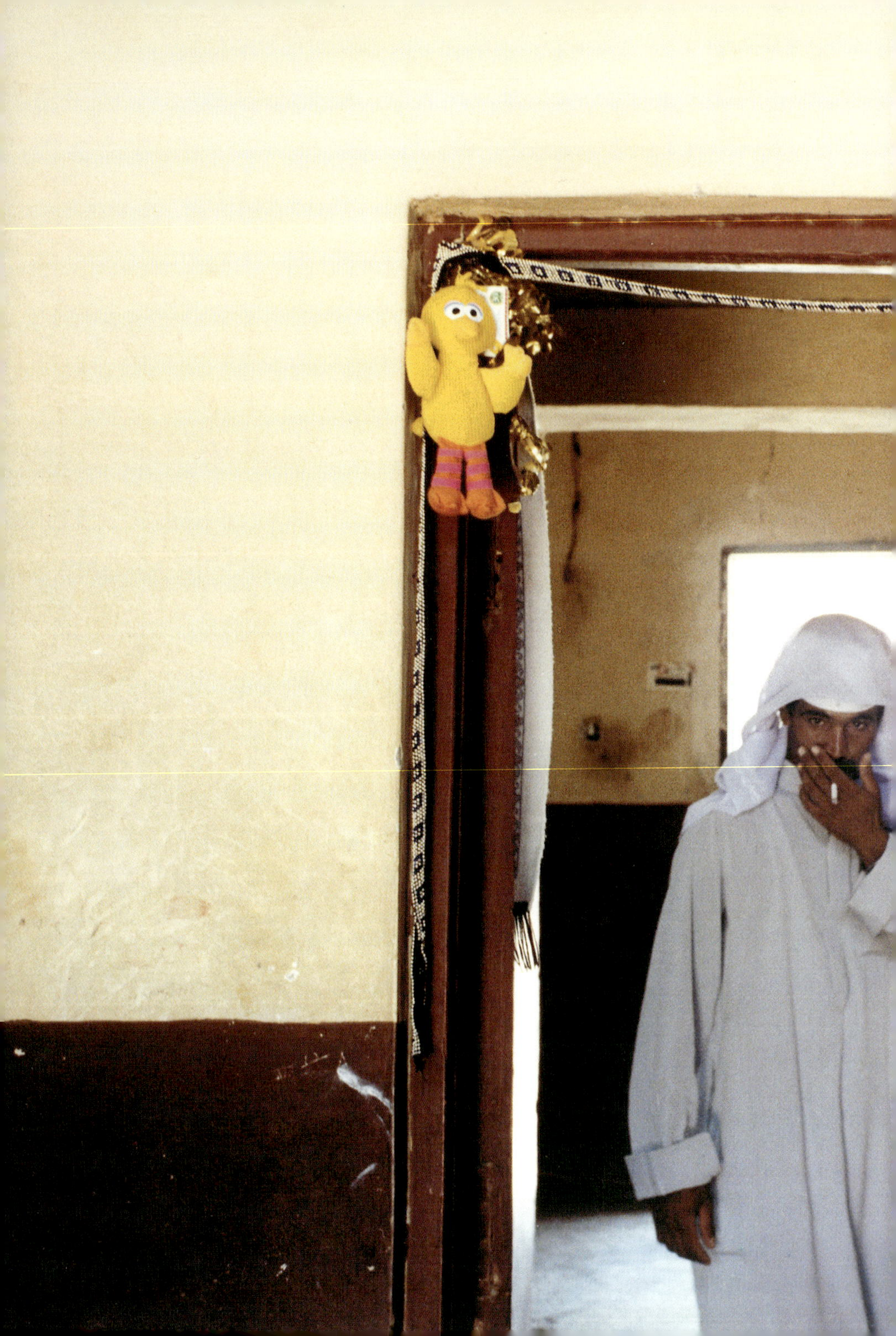

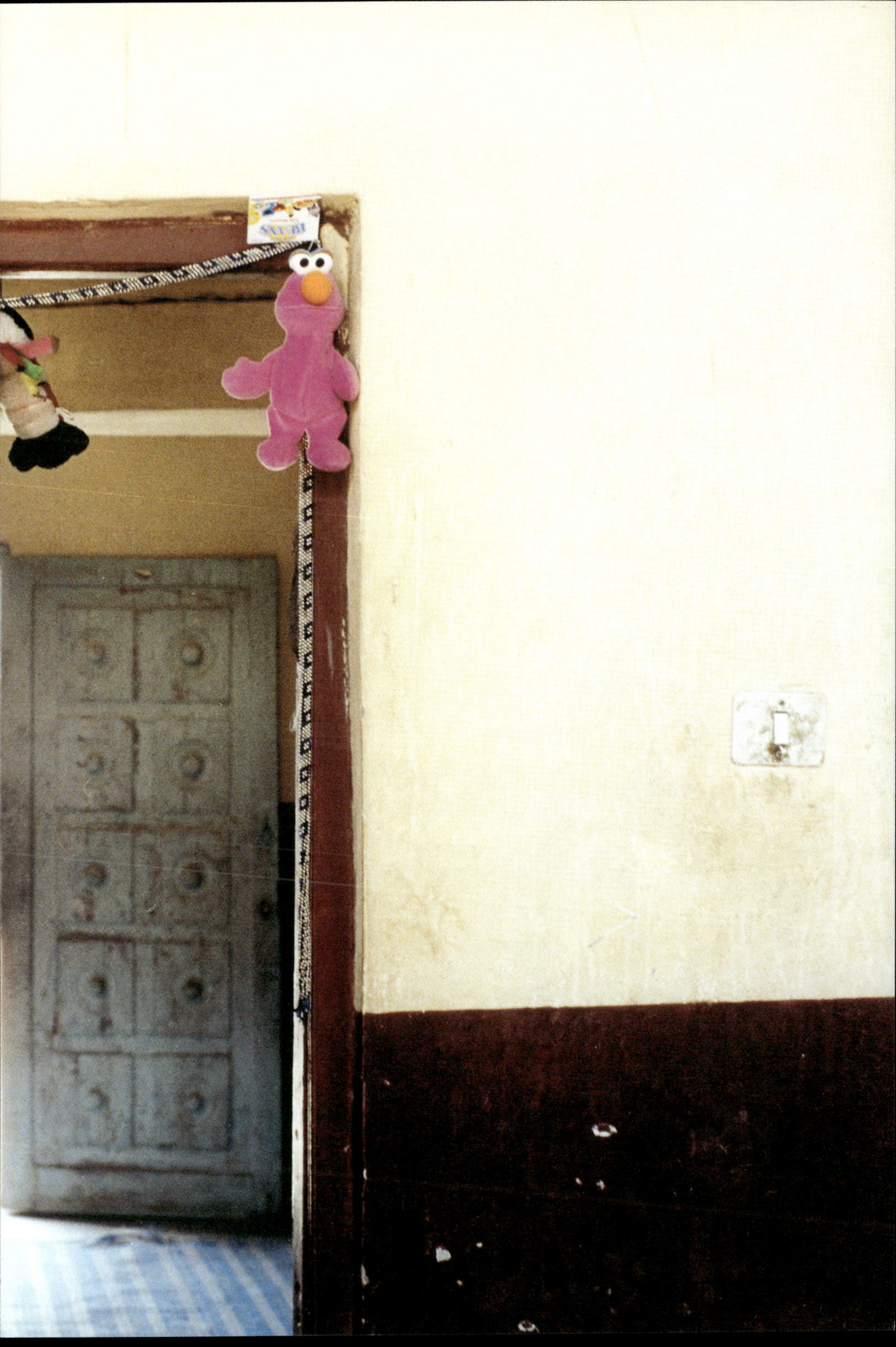

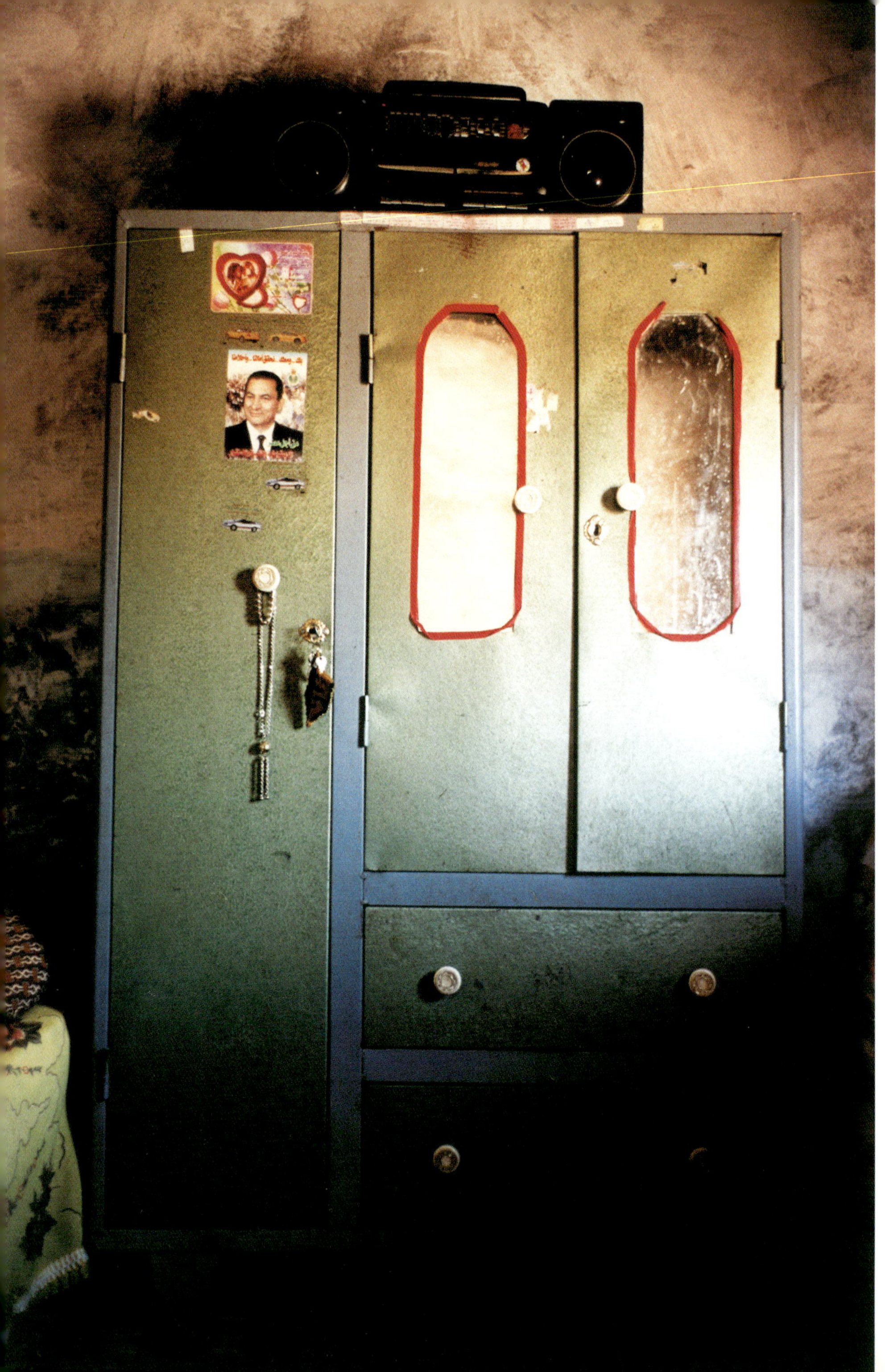

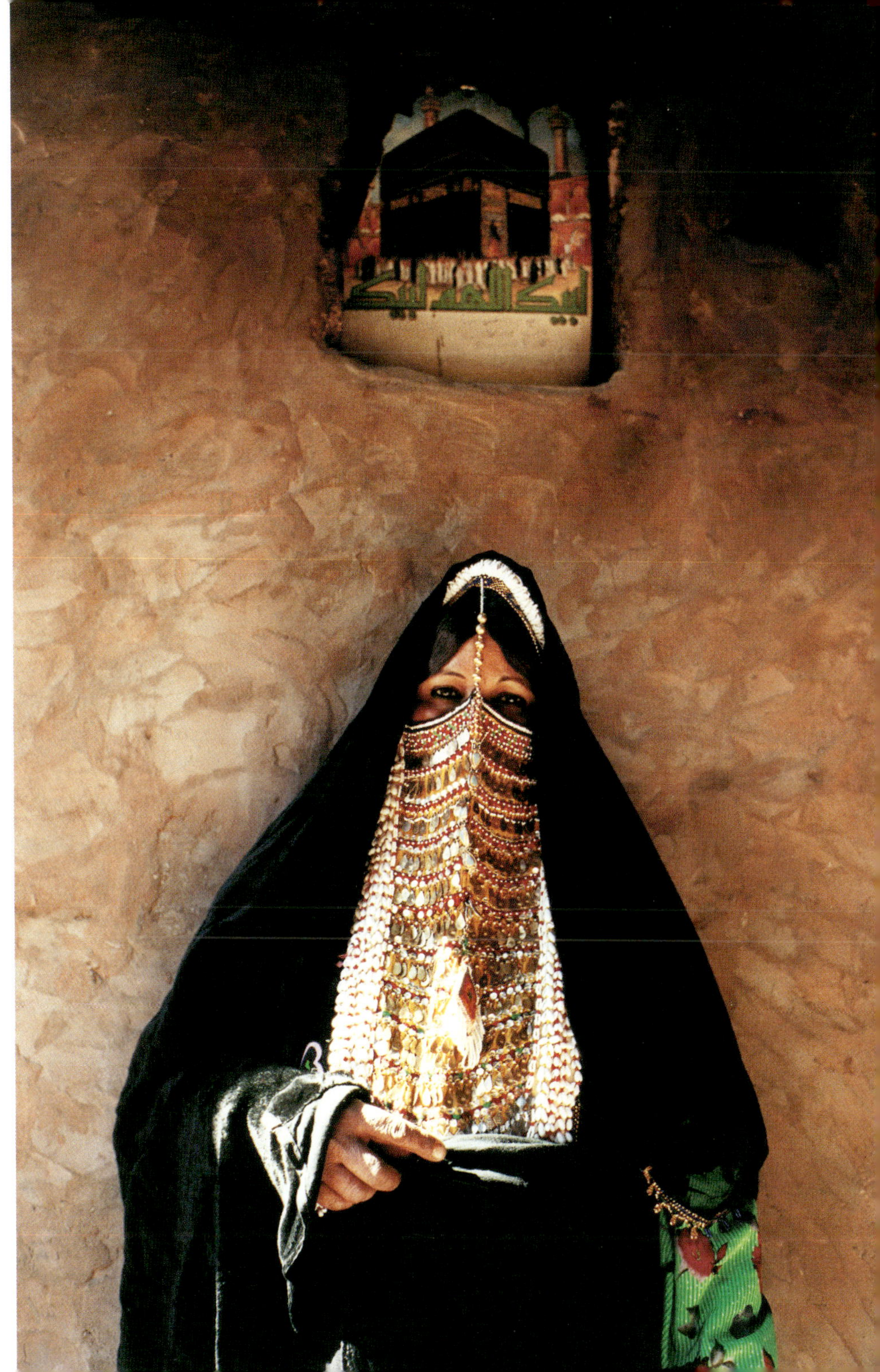

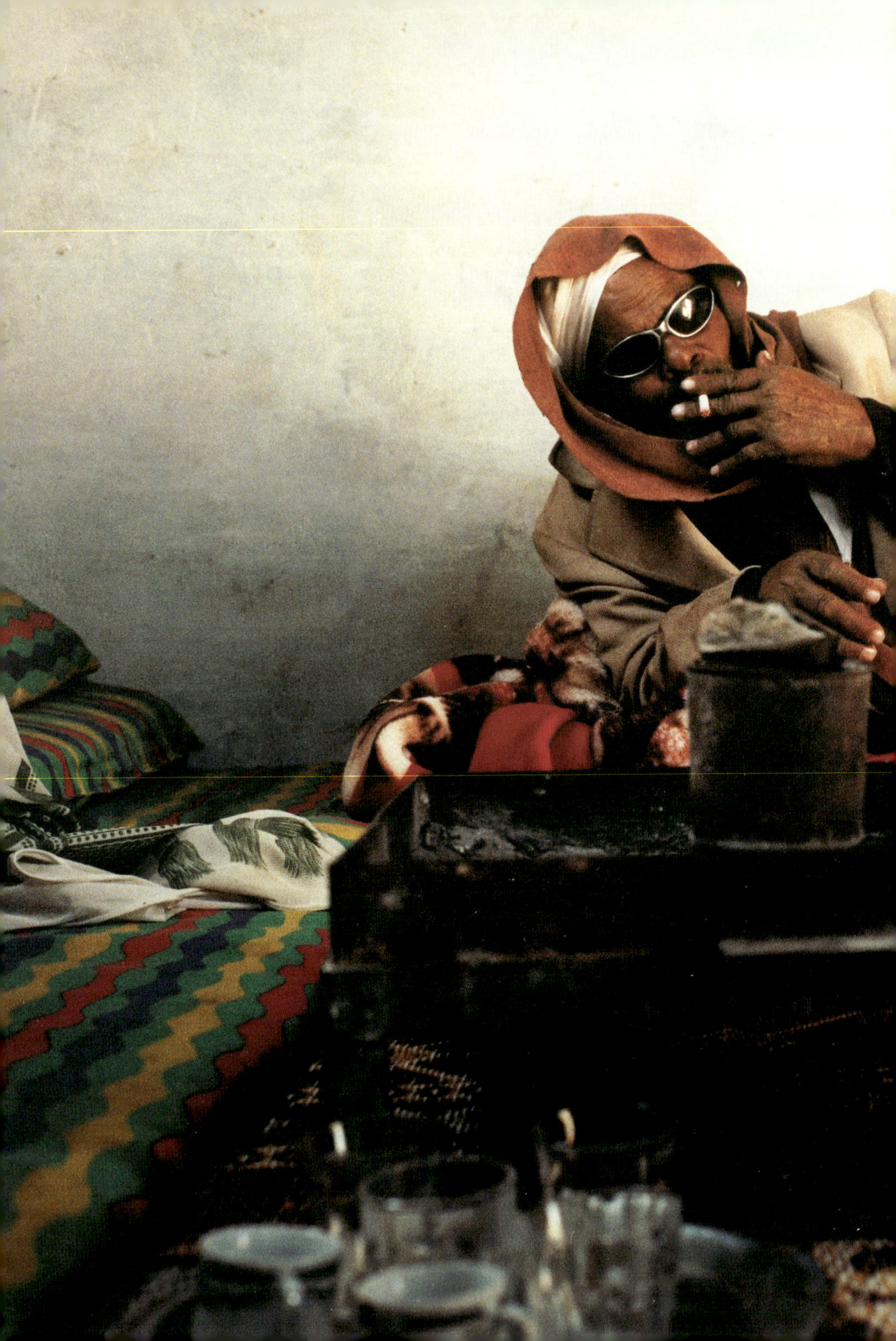

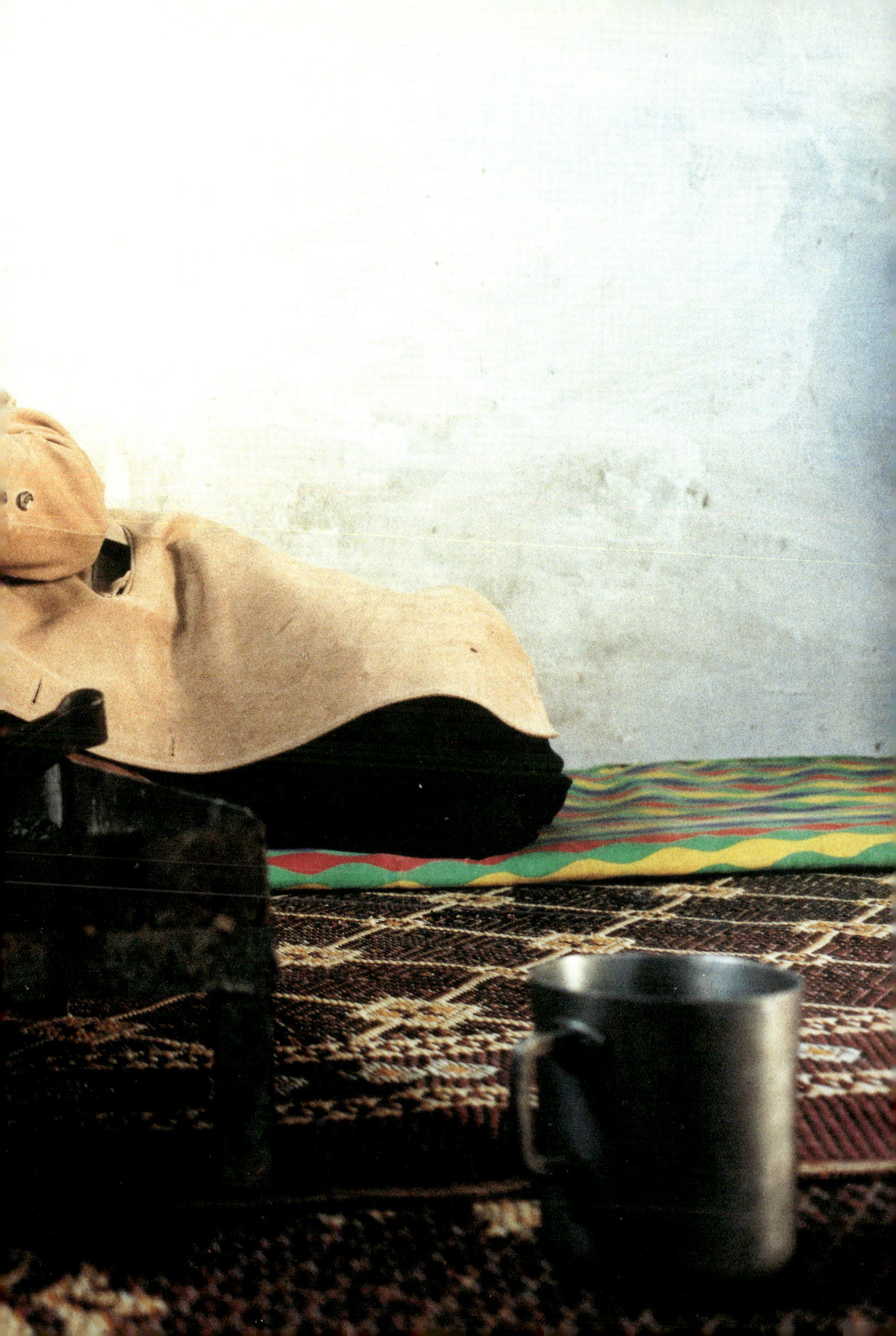

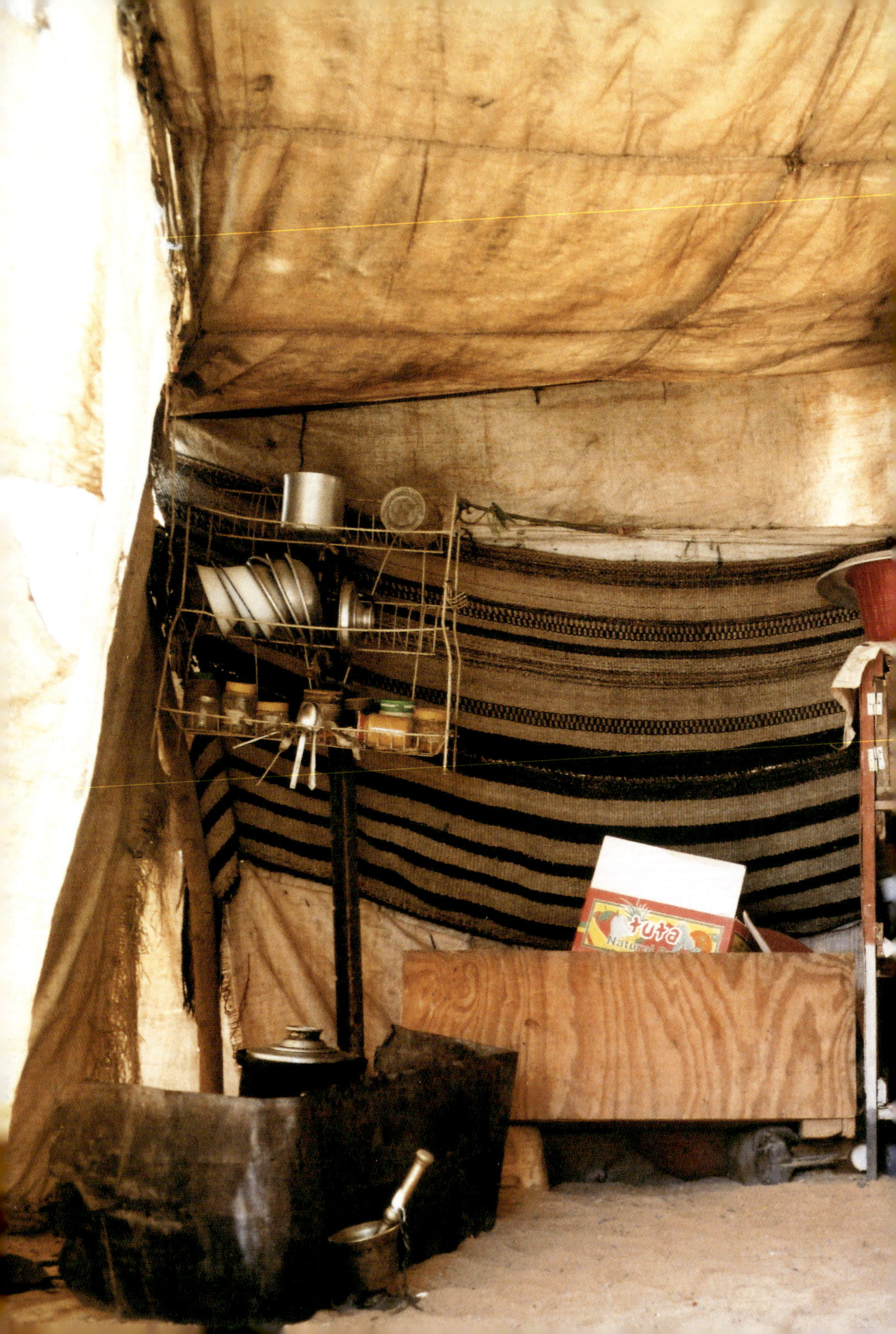

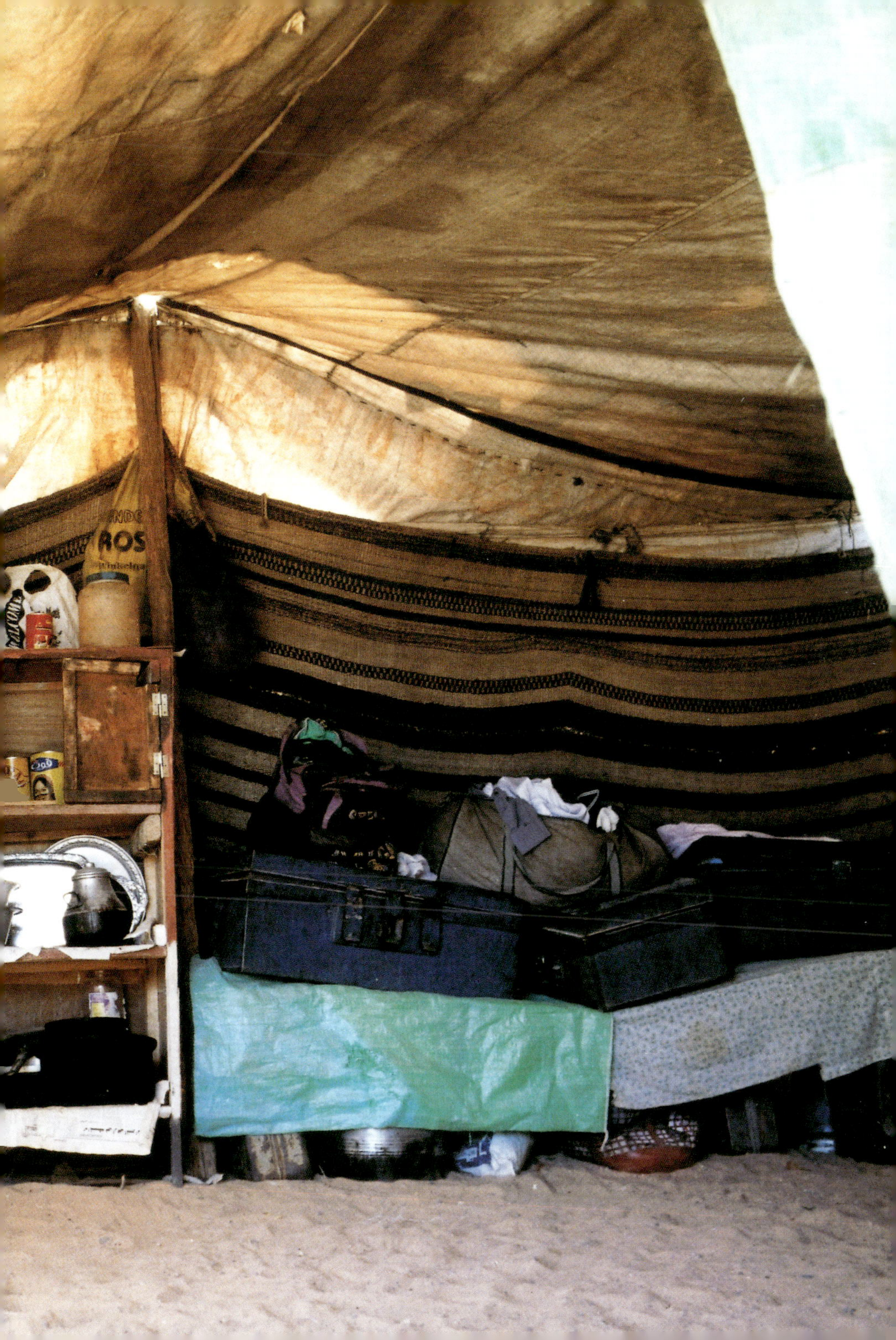

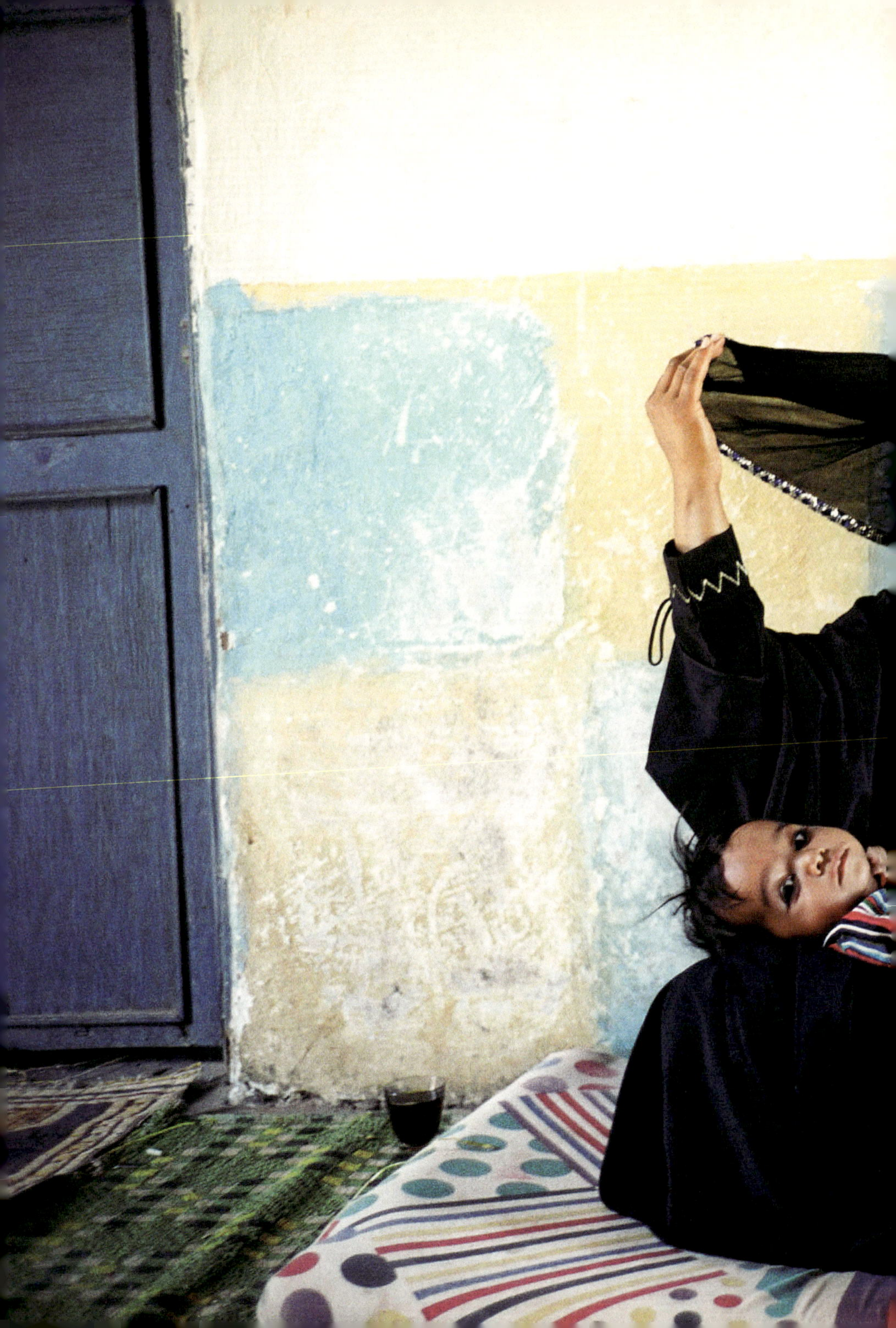

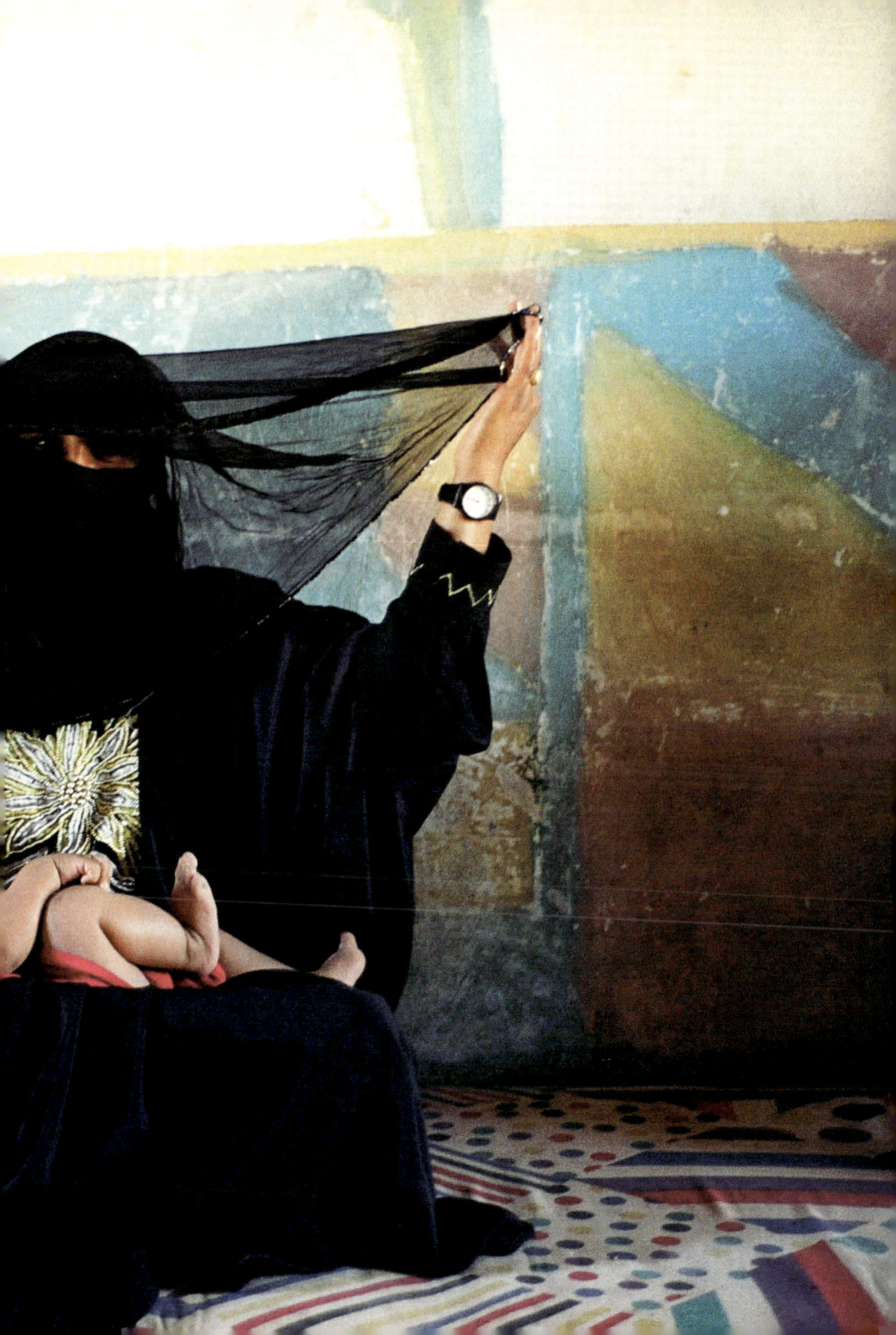

Two women in the village benefit from the privileged status of sheikh's wife. Discreetly, they allow themselves a few liberties in their intimacy, sometimes they share a cigarette with their husband. All the women in the village take it in turn to invite me, spoiling me with treats. At teatime, they become chatty. While toiling a the embroidery underway, confidences are shared while the cassette-player runs over and over with Syrian, Egyptian and Lebanese songs.

زوجة الزعيم، التي تدخن بصورة واضحة امام زوجها : انها حالة خاصة.

هناك امرأتين في القرية تتمتعن بالوضع الخاص كزوجة الشيخ. فهن يمنحن انفسهن باحتشام بعض الحرية في حياتهن الخاصة، مثل تقاسم سيجارة مع زوجهن. الاصغر سنا كبيرة البنية وجميلة تعد لي بانتظام البطاطا المقلية التي يسيل لها اللعاب. جميع نسوة القرية يدعونني بدورهن ليولمنني، انا ممتنة جدا لهن.

Deux femmes au village bénéficient
du statut privilégié d'épouse du cheik.
Discrètement, elles s'accordent quelque
liberté dans leur intimité, parfois elles
partagent une cigarette avec leur mari. Toutes
les femmes du village m'invitent à leur tour
pour me régaler. A l'heure du thé, les langues
se délient. Au rythme des broderies en cours,
les confidences s'échangent et les chansons
syriennes, égyptiennes ou libanaises tournent
en boucle dans le radio-cassette.

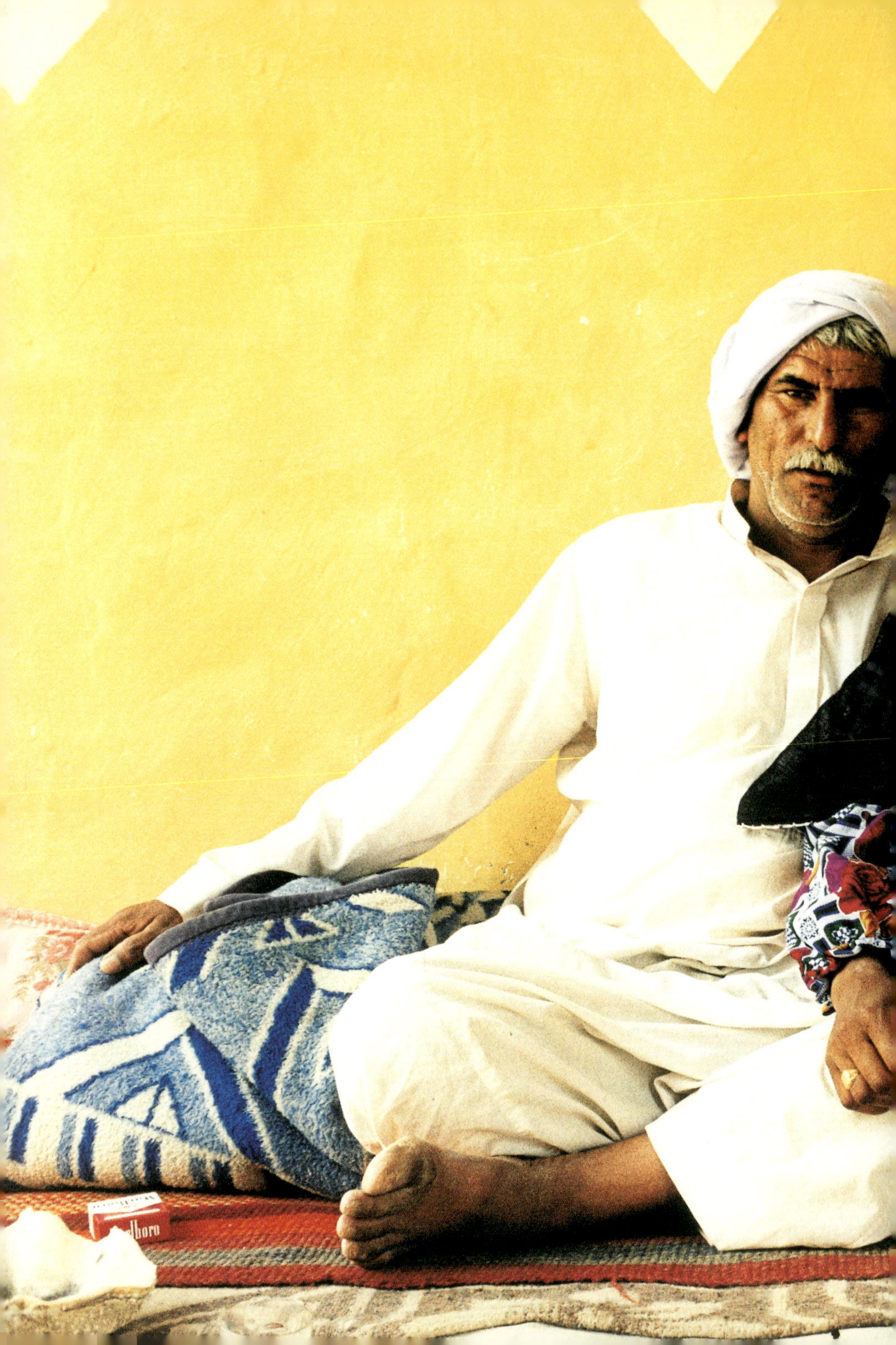

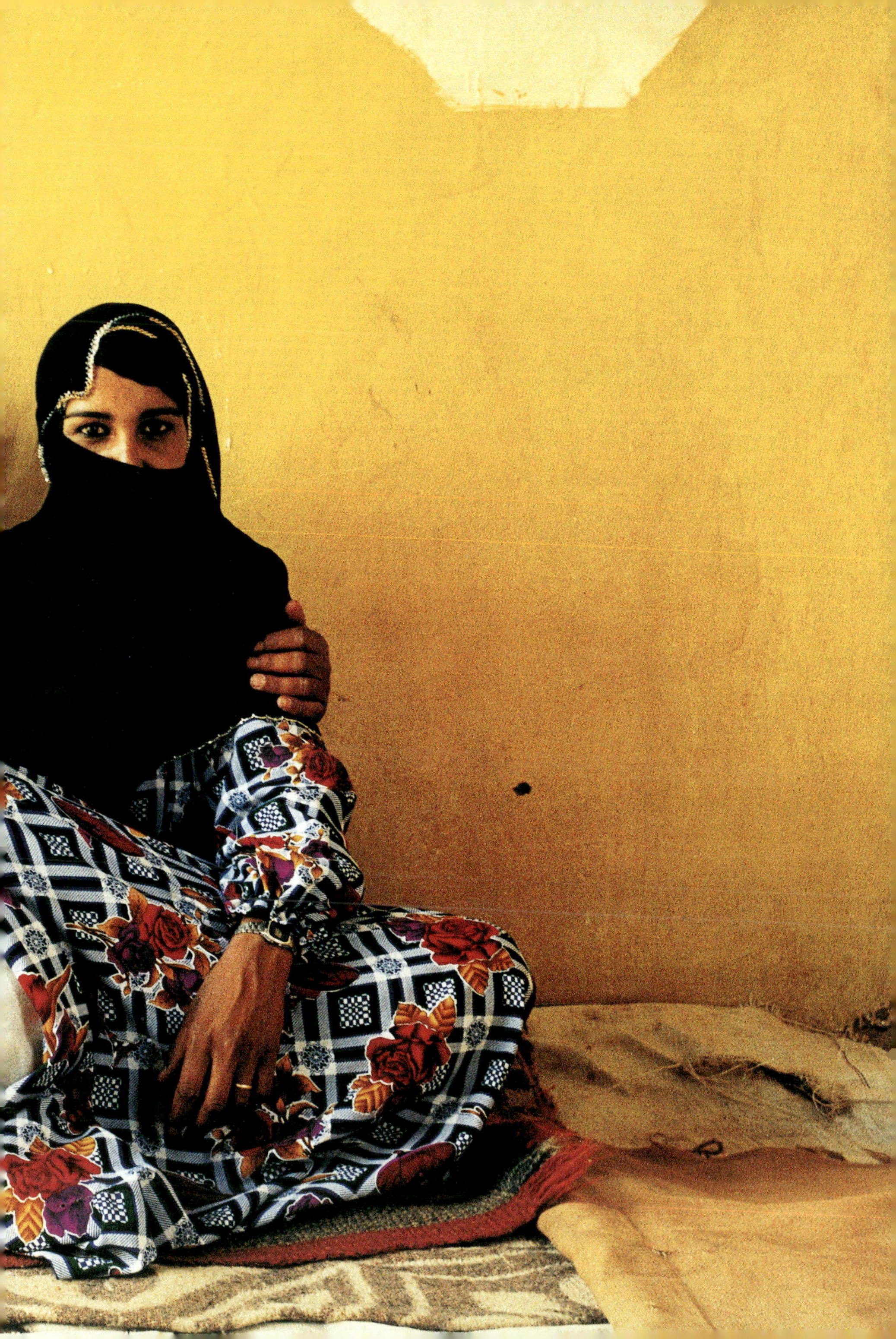

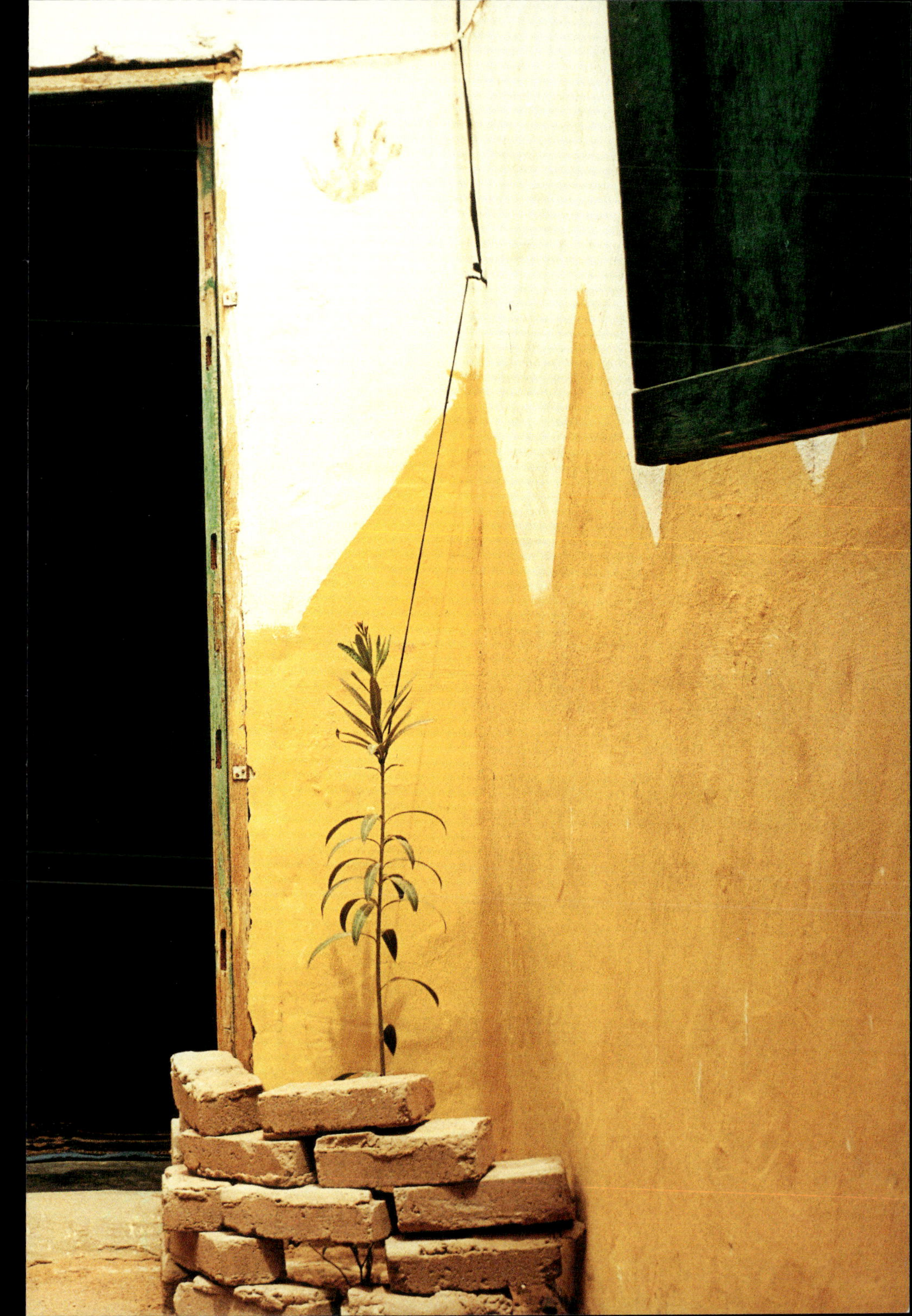

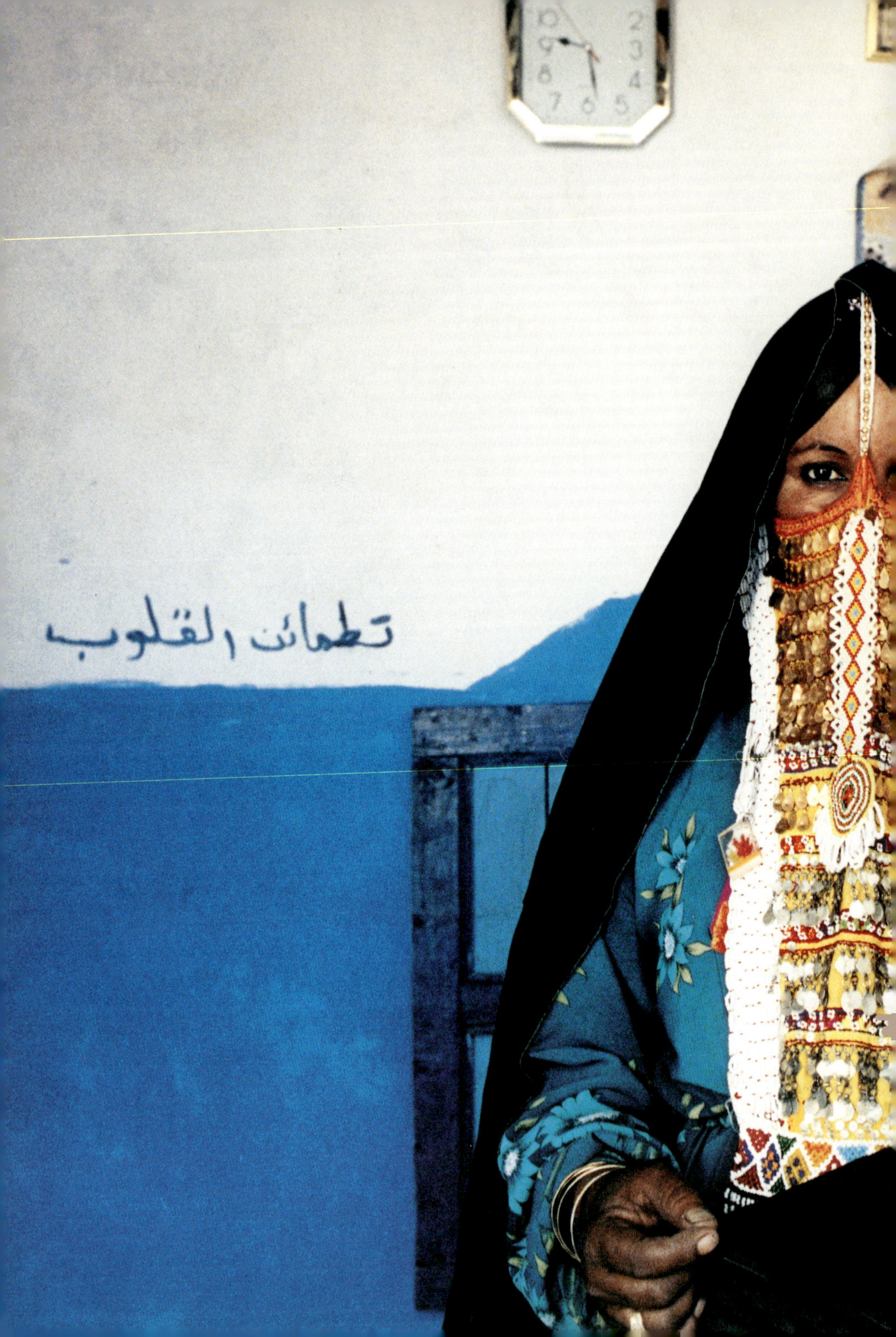

تطمئن القلوب

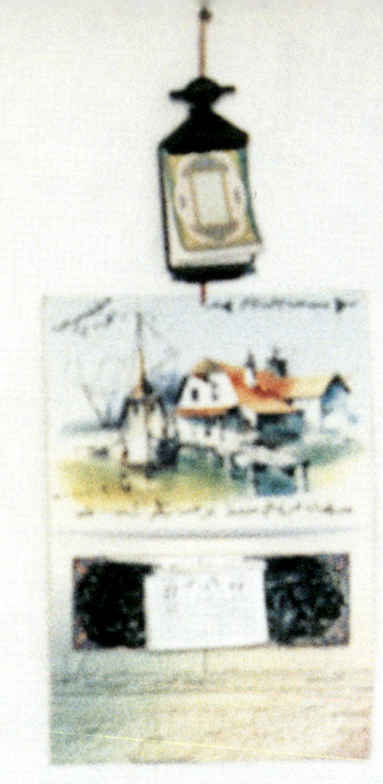
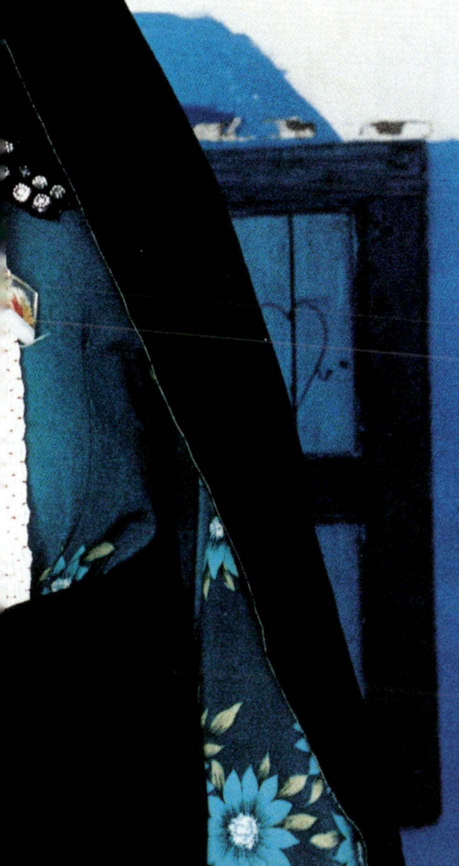
بزكر الله

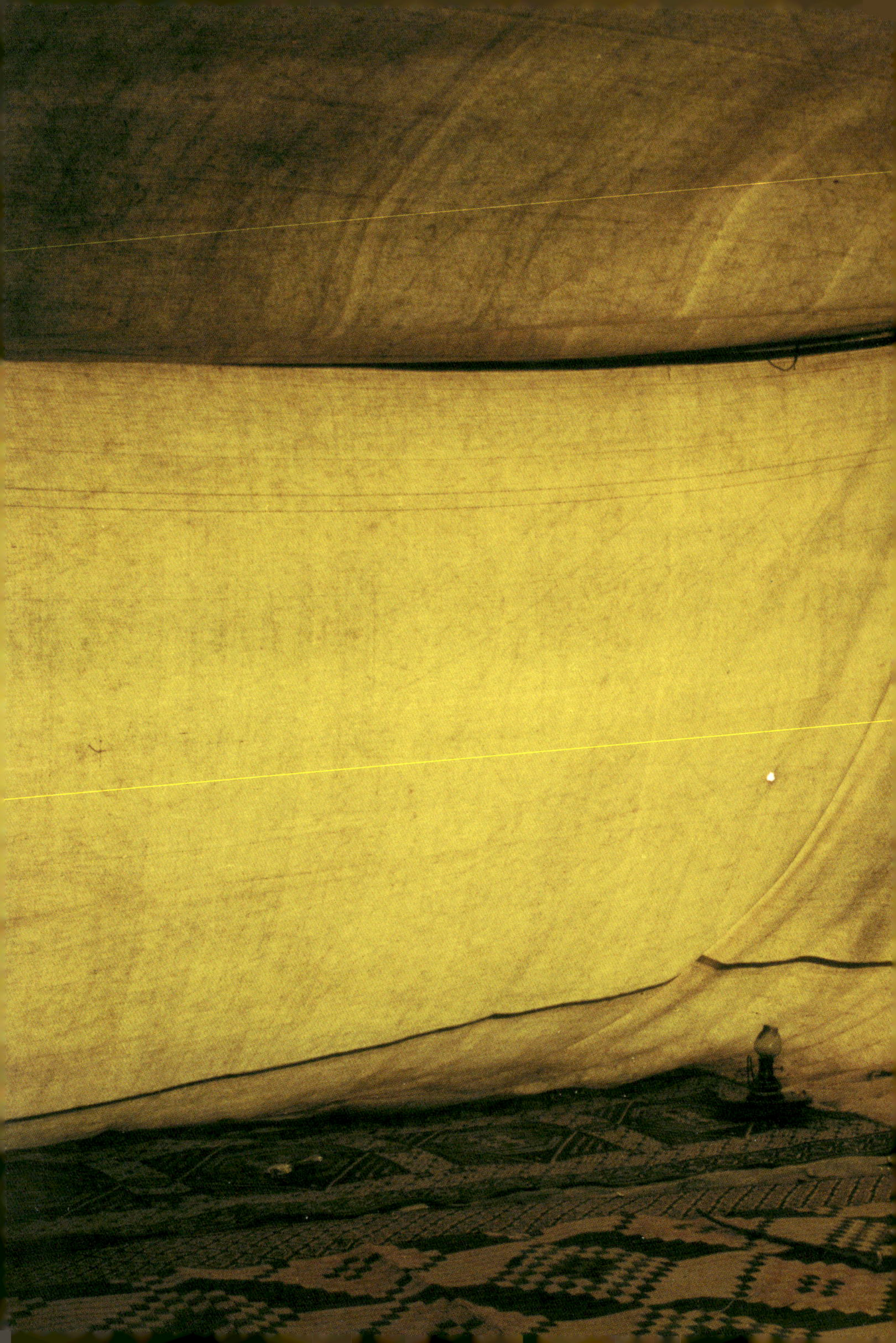

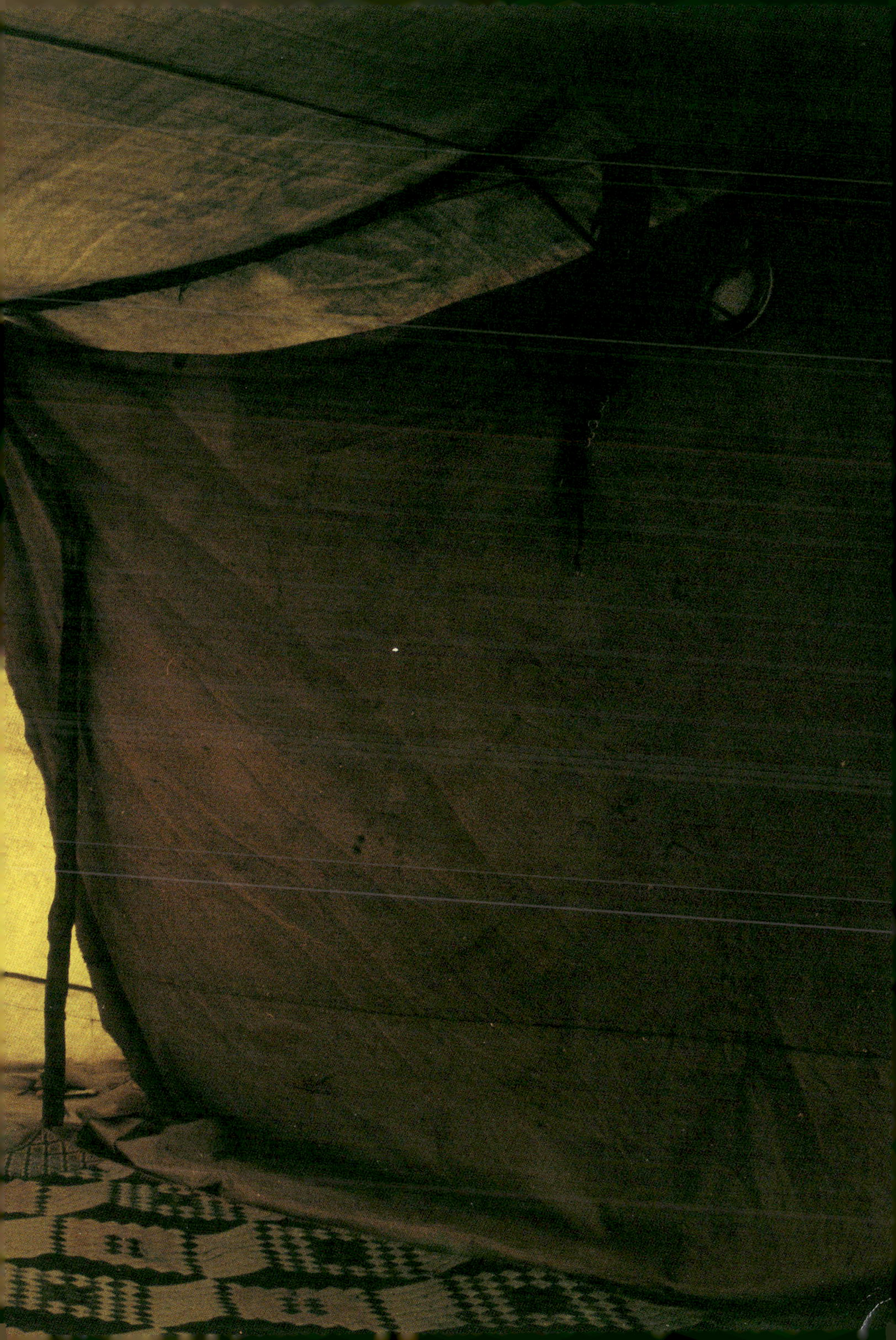

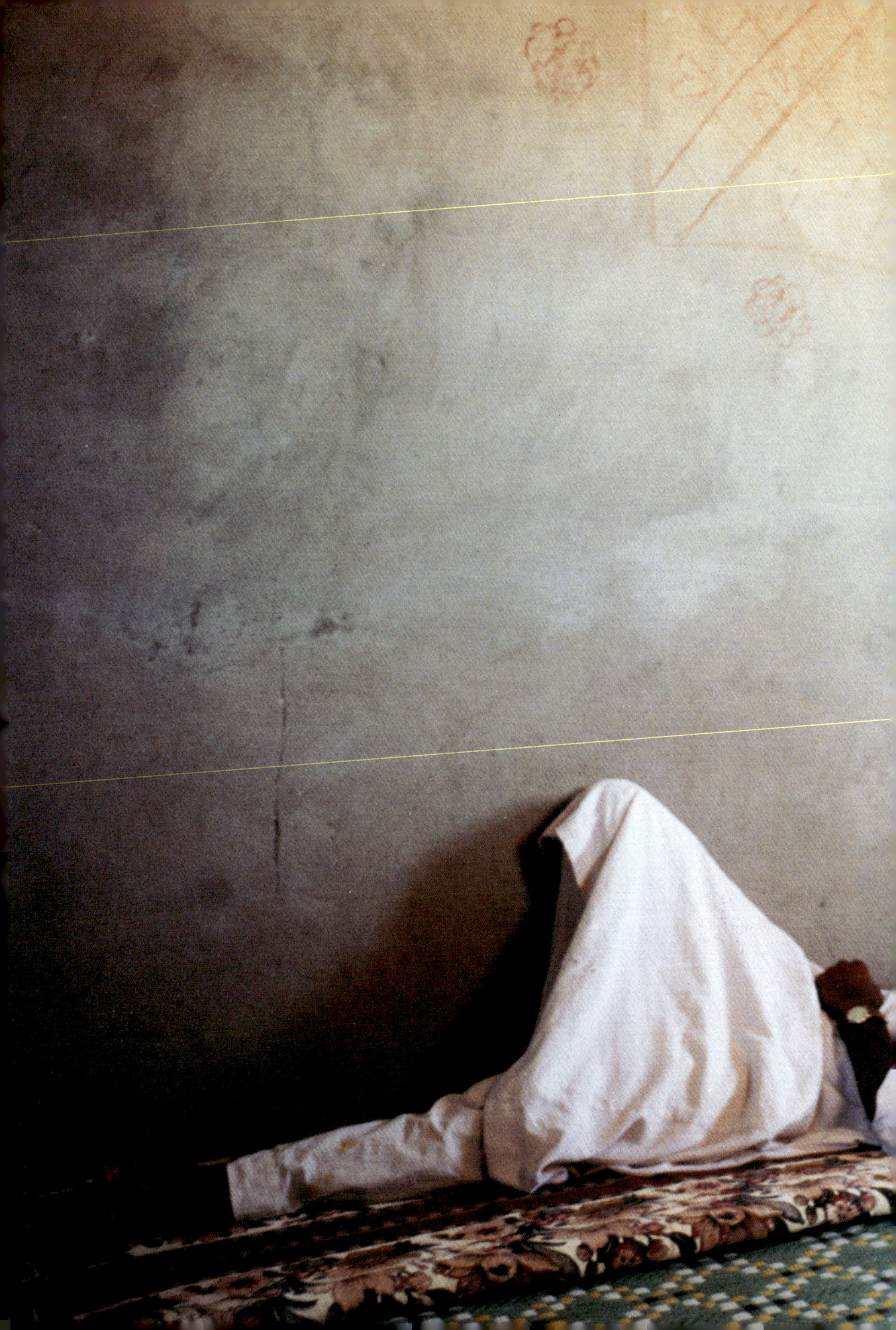

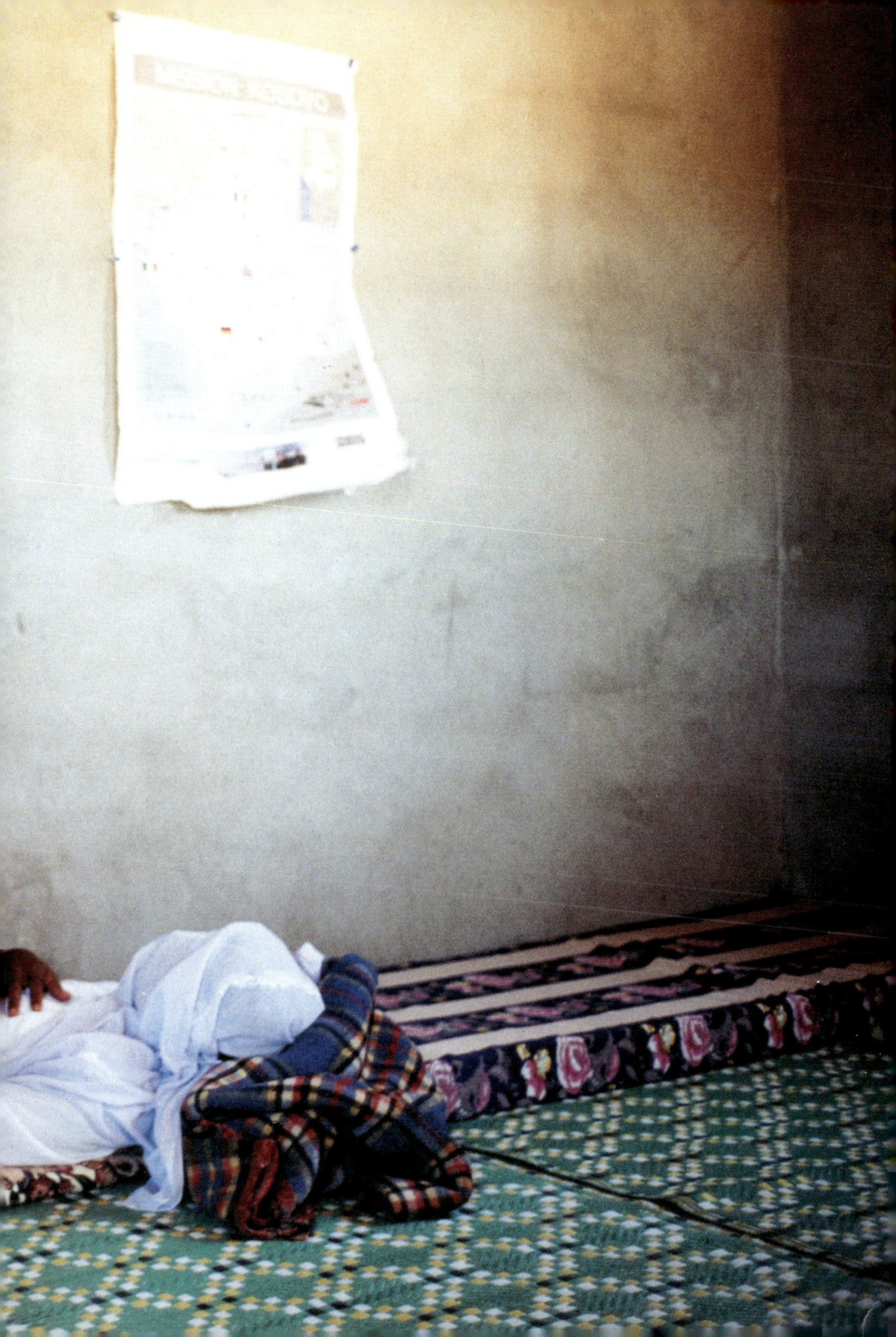

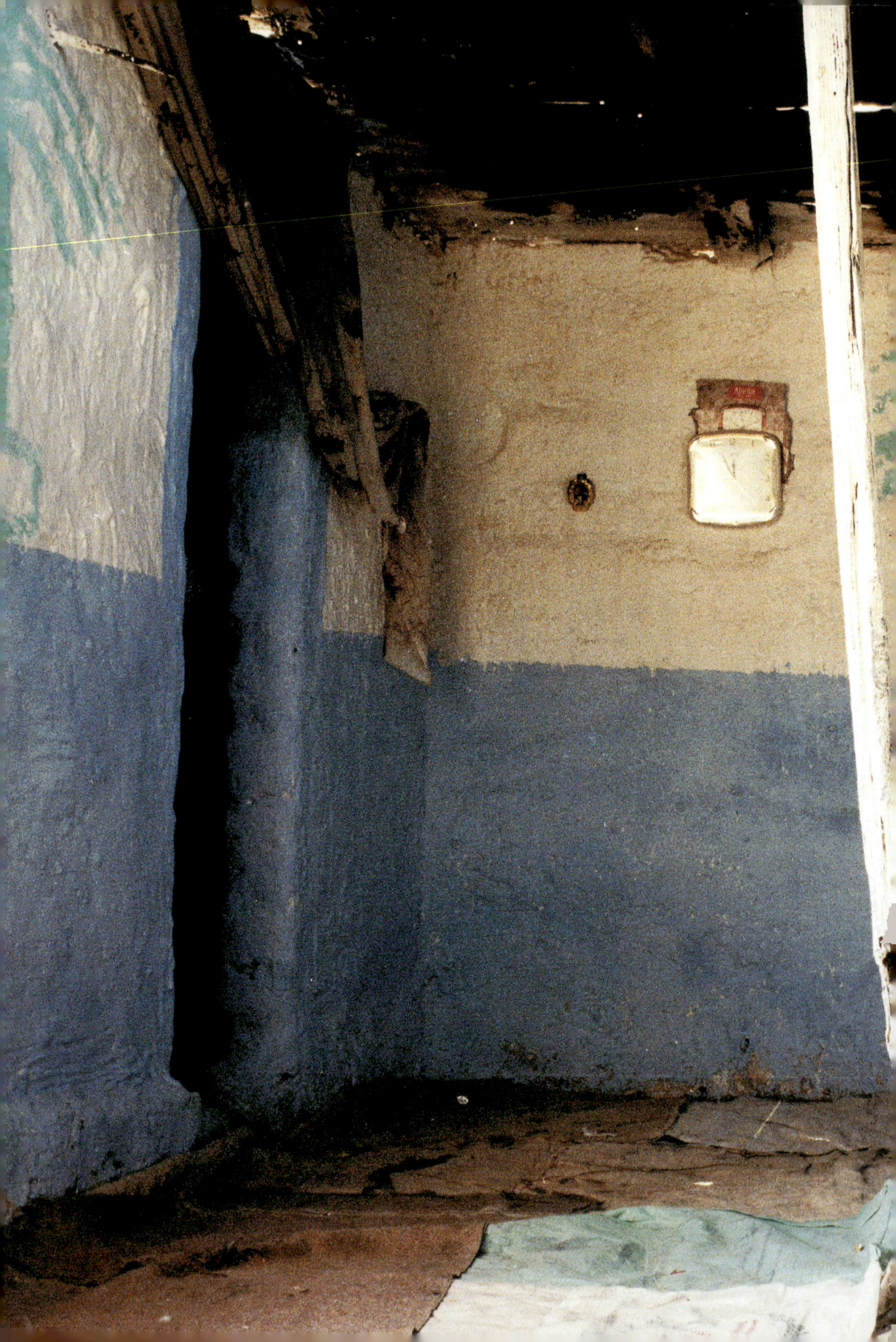

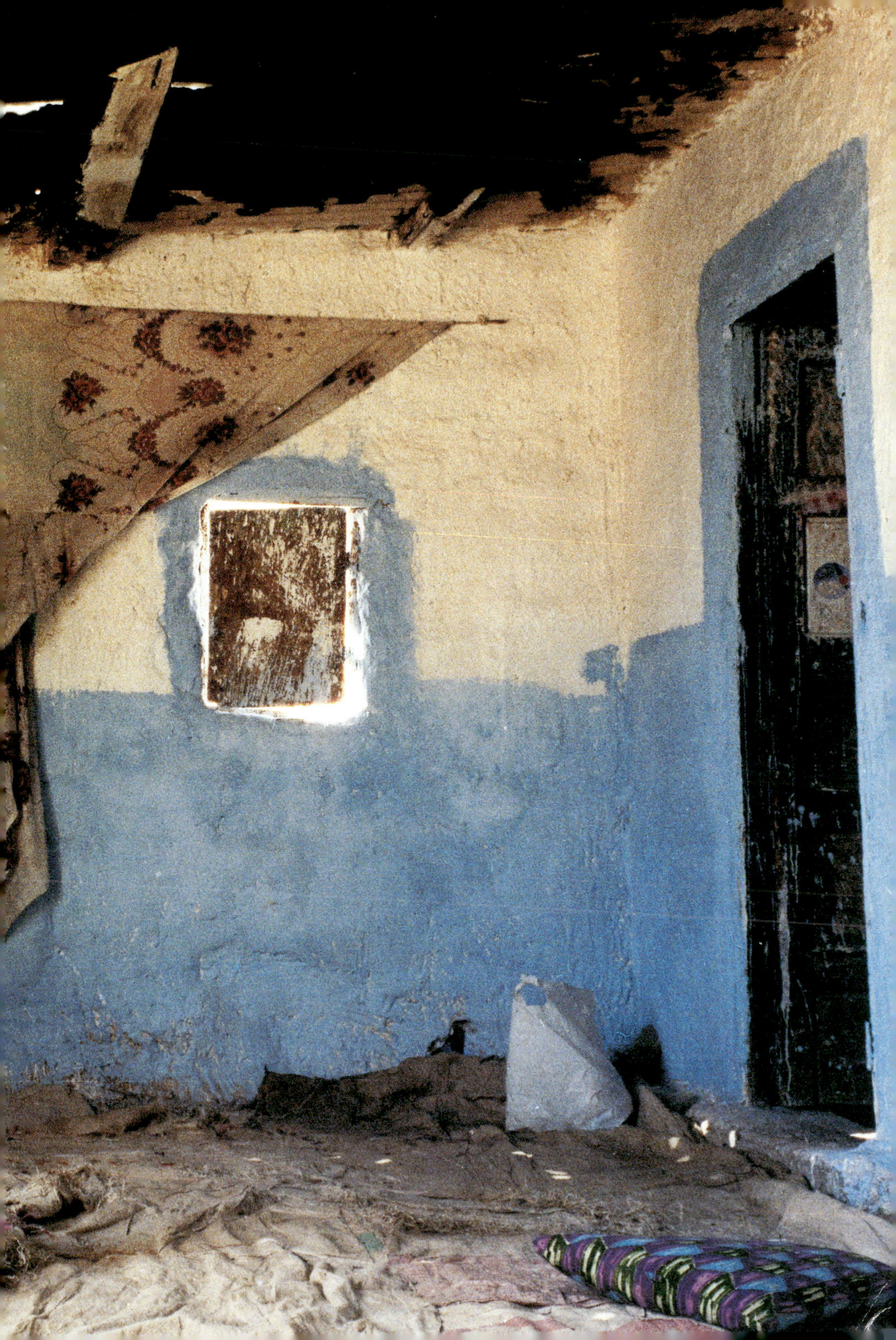

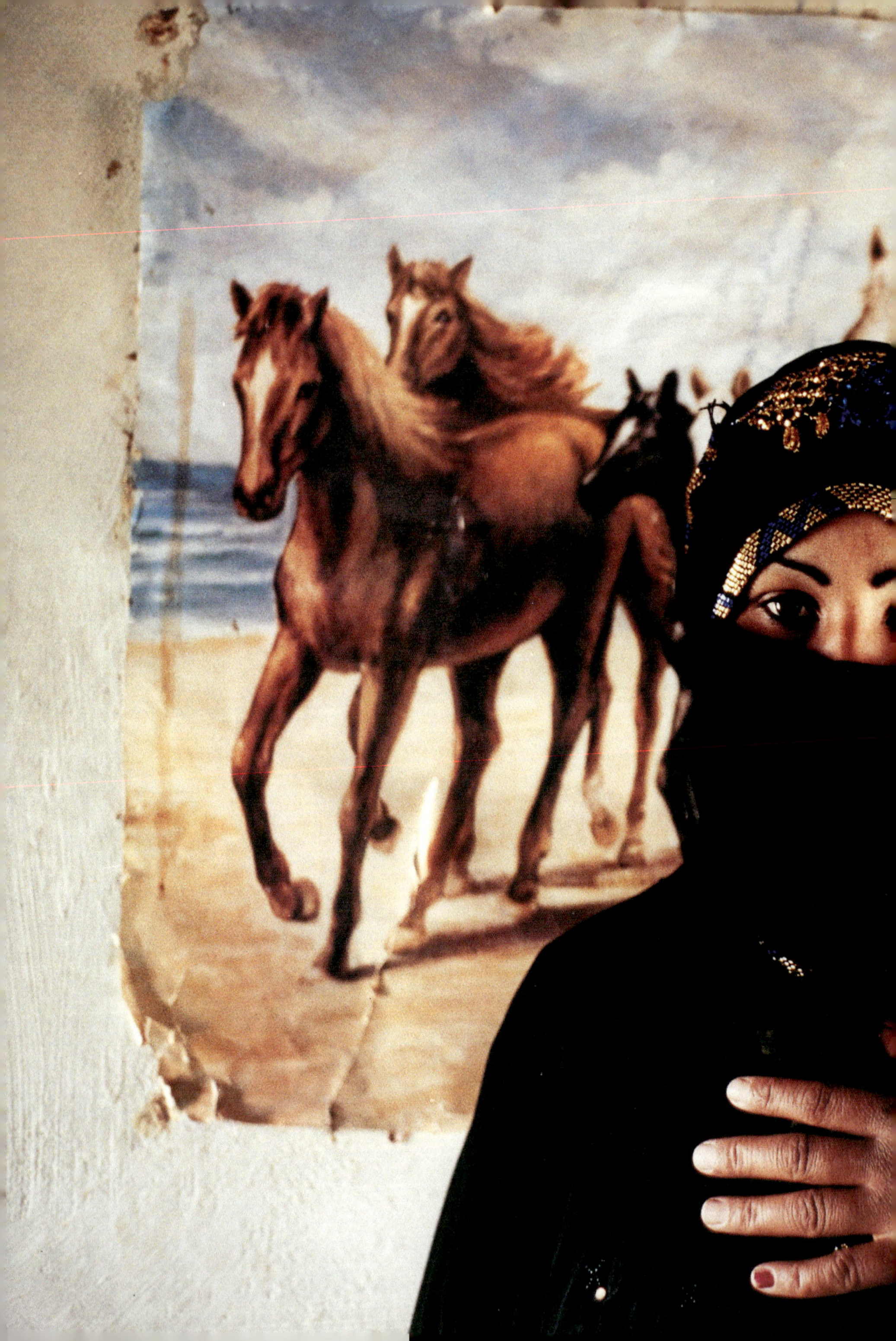

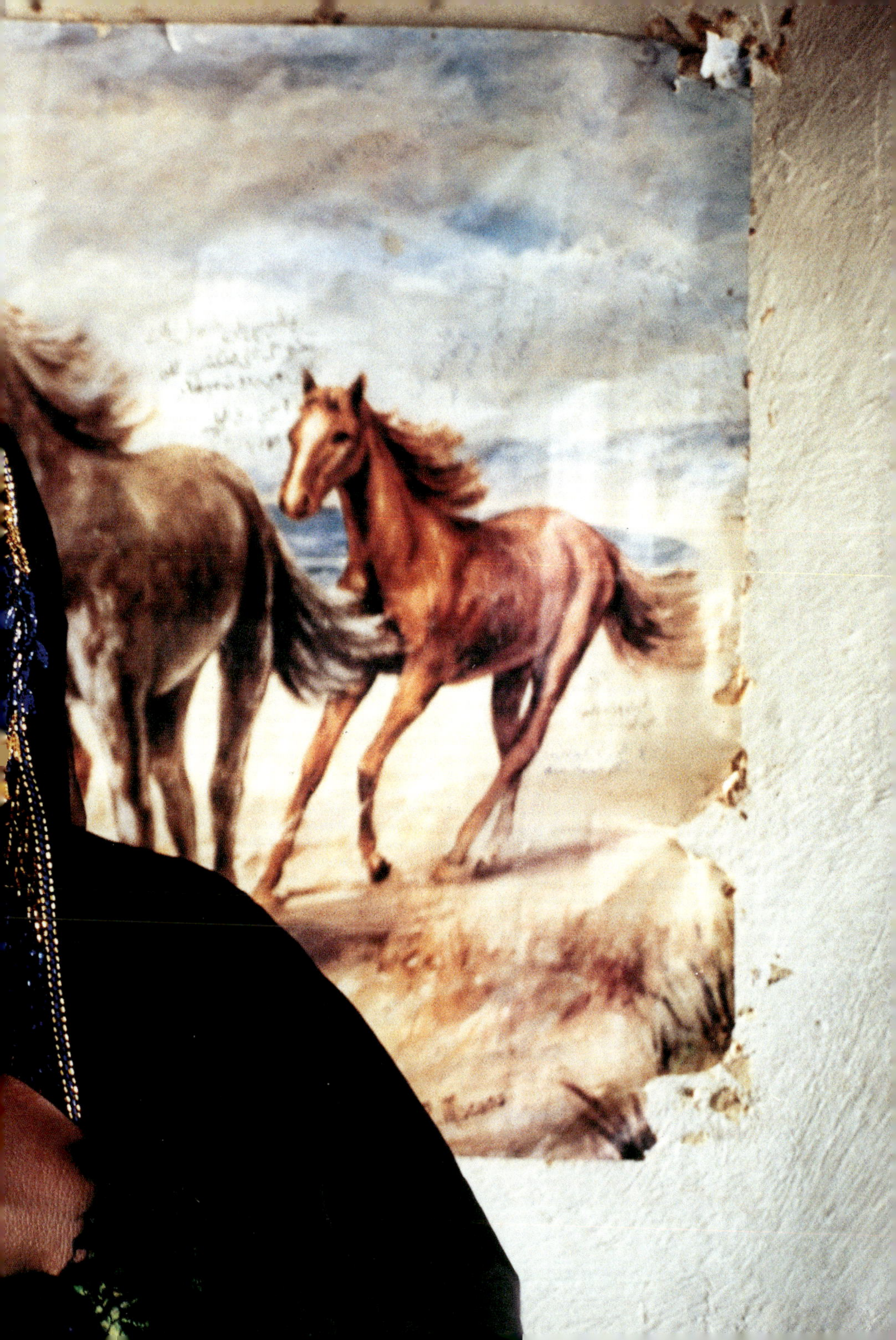

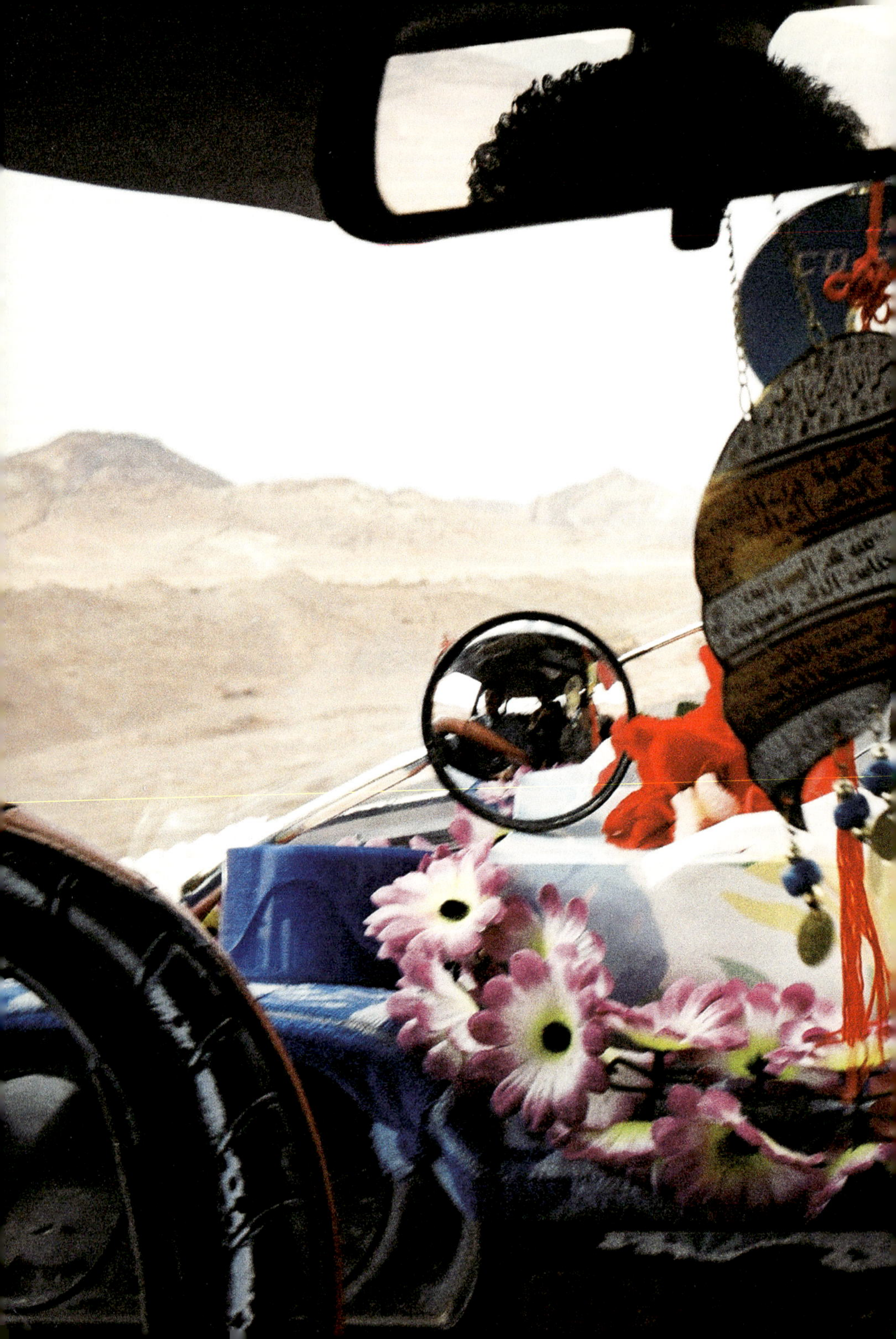

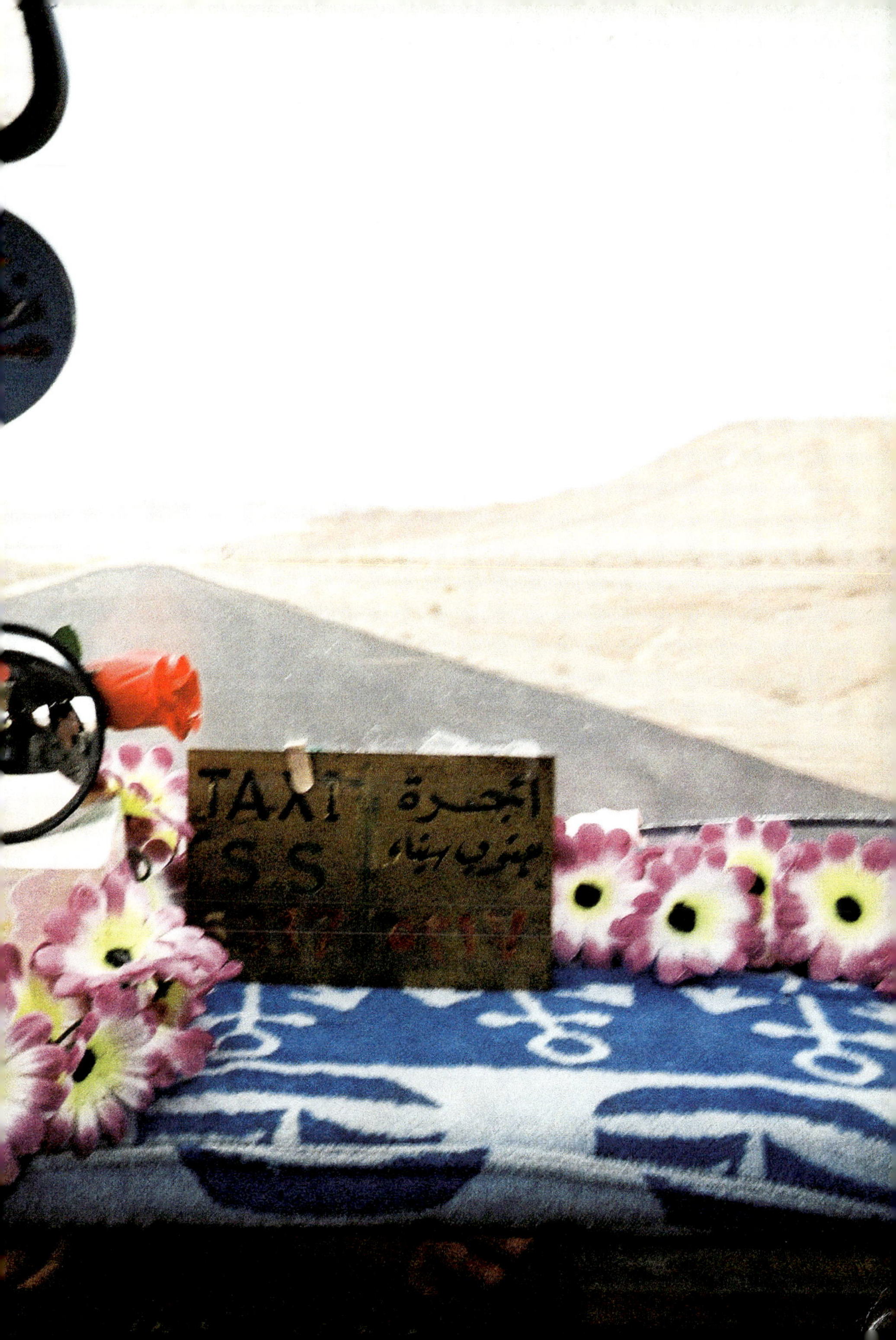

TAXI أجرة
S.S هروب سيناء

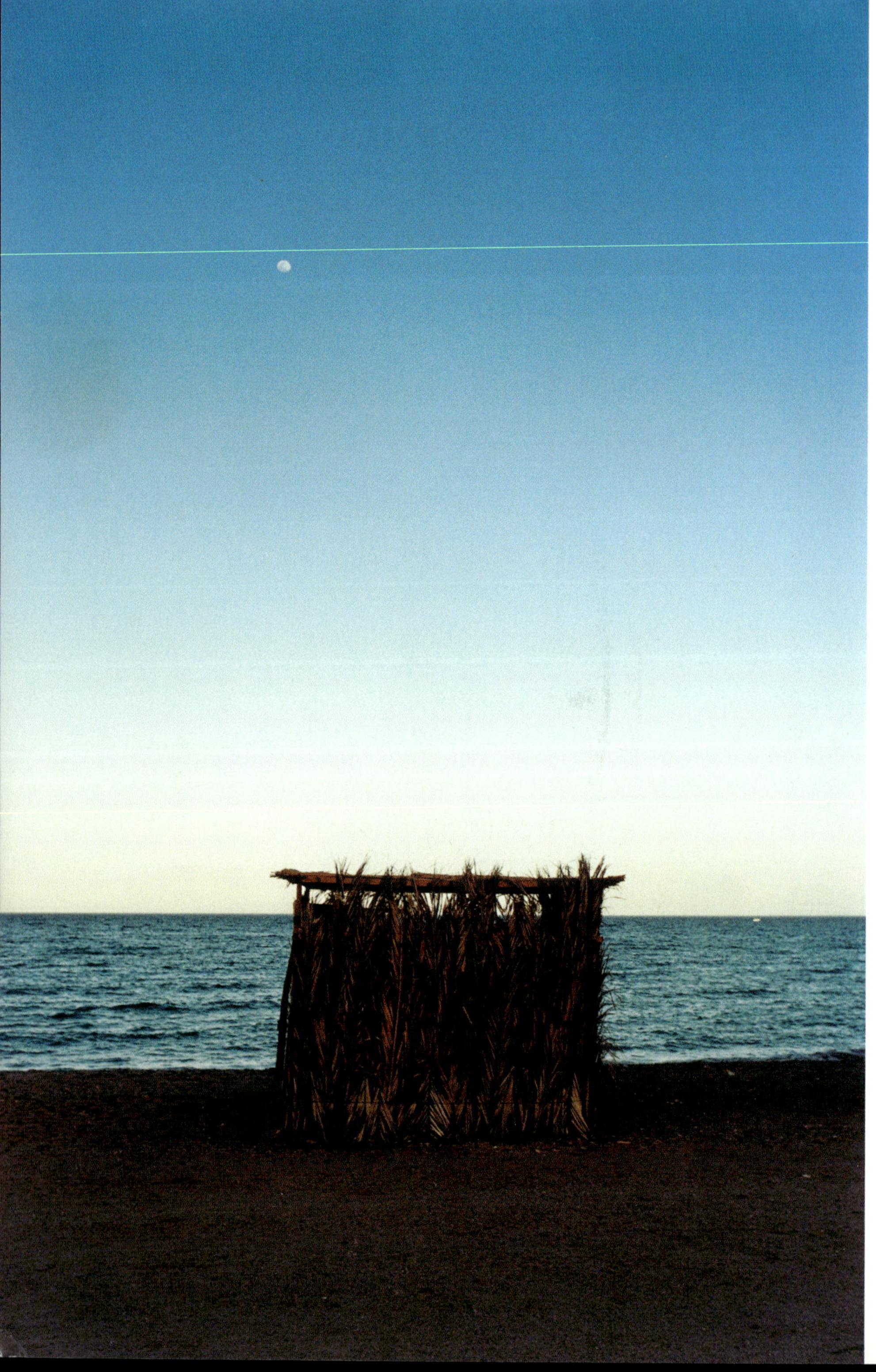

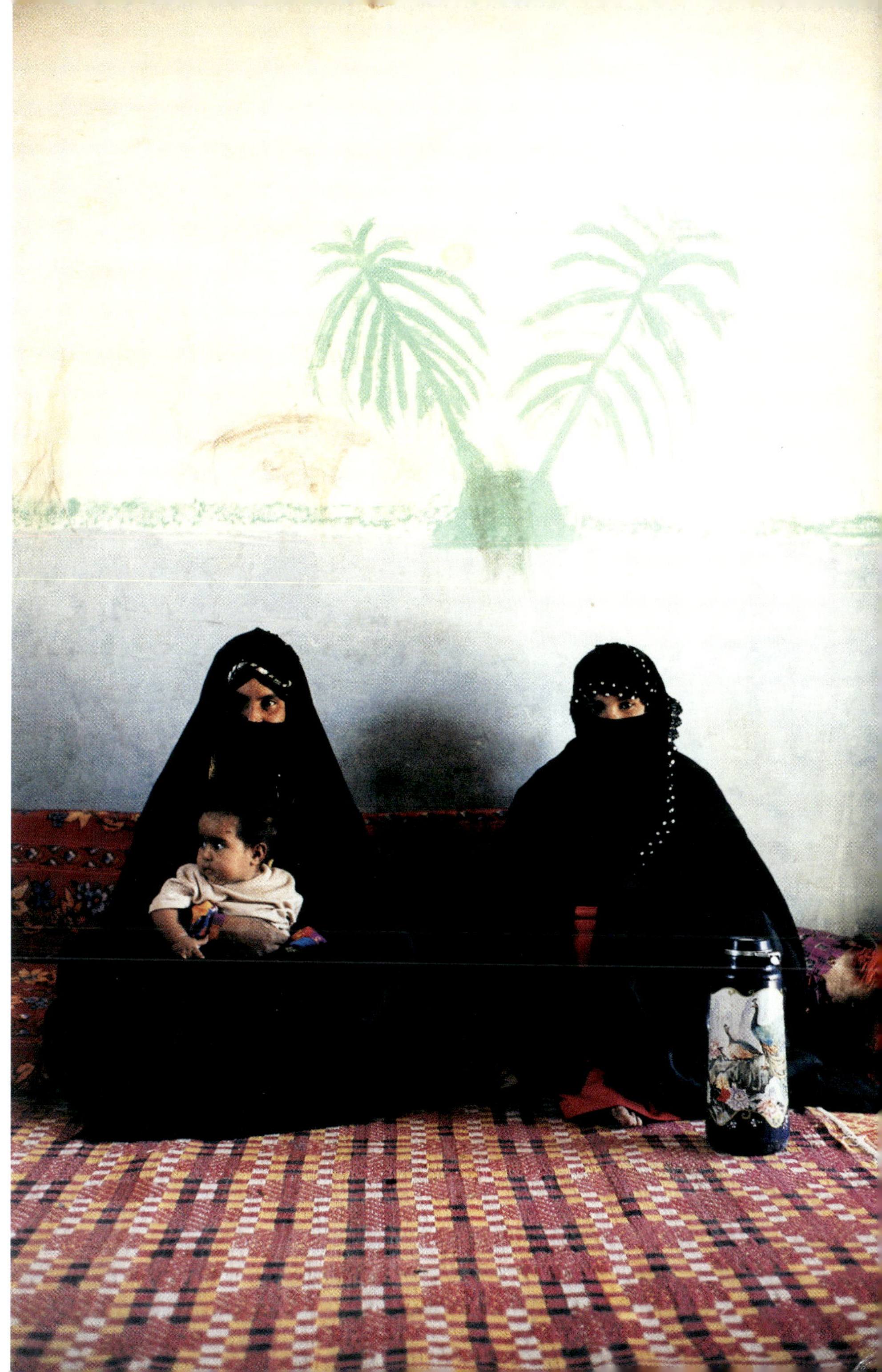

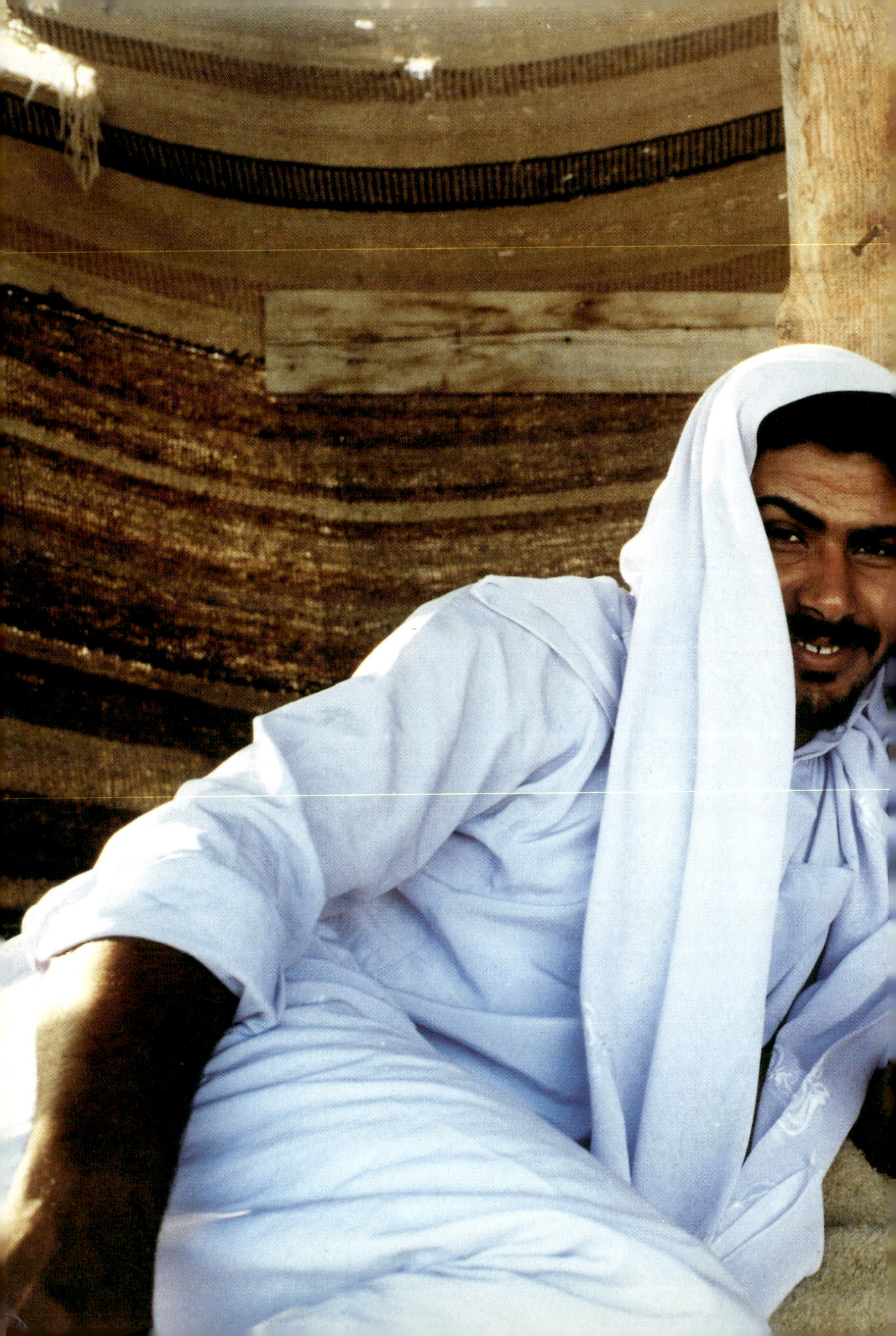

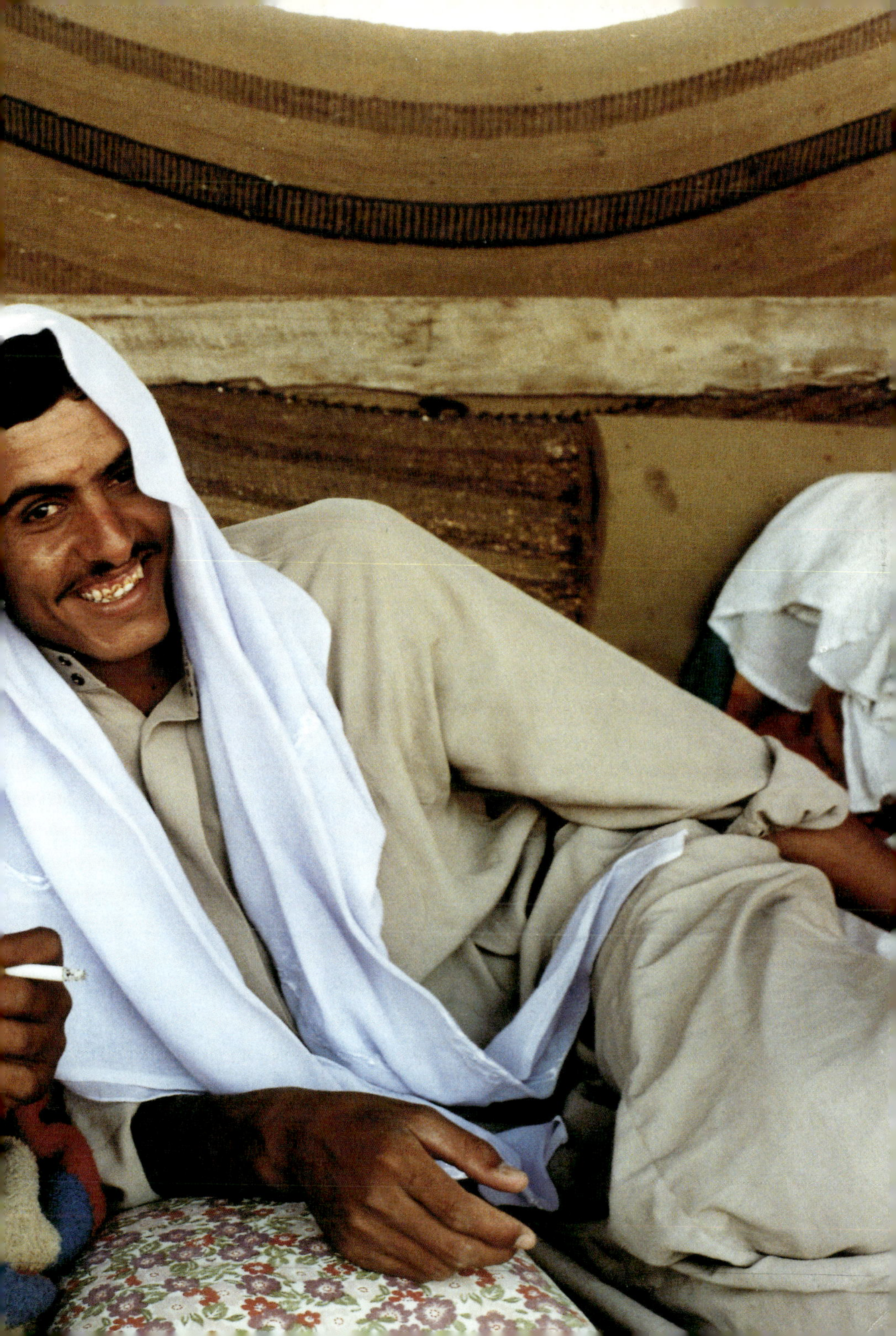

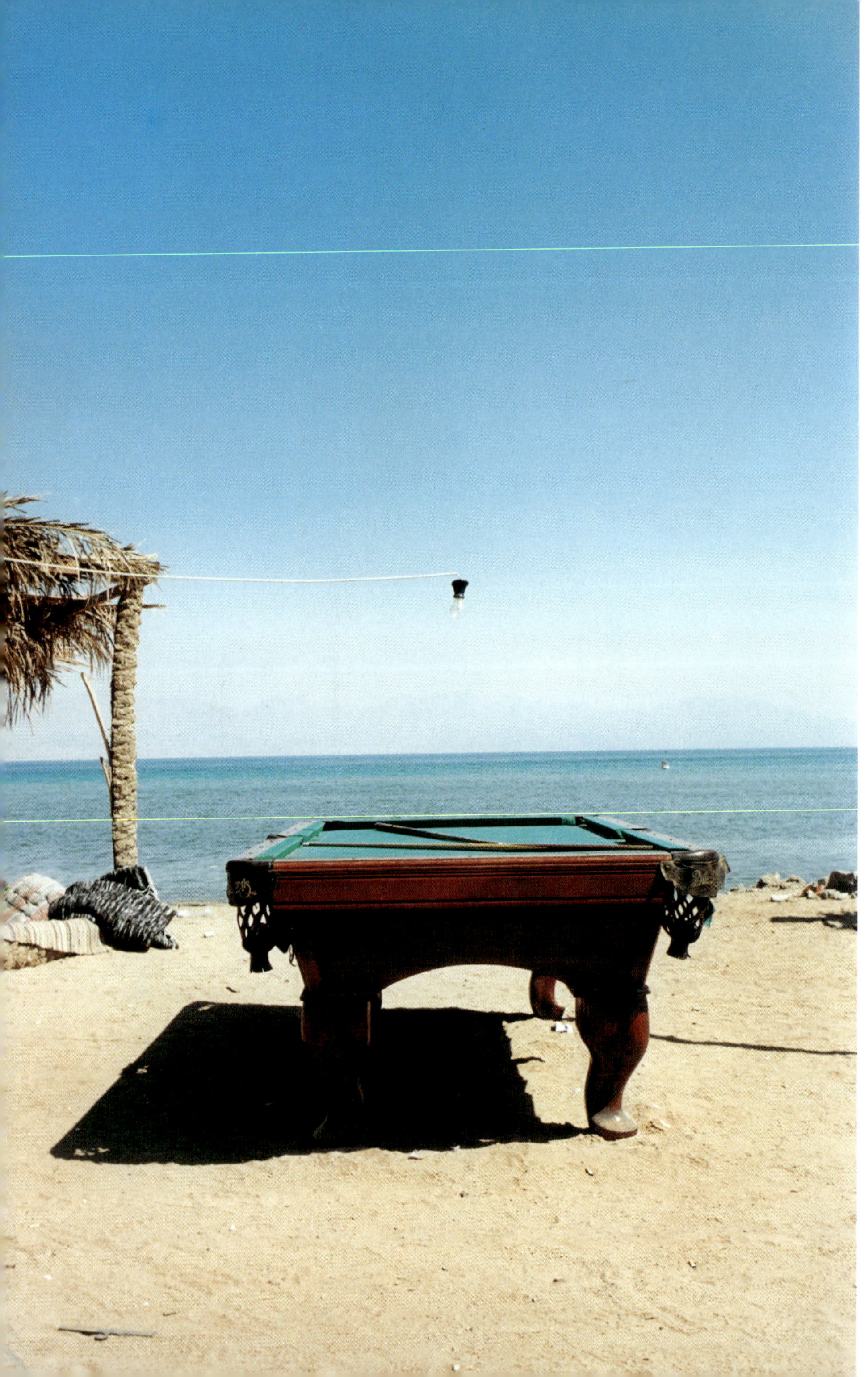

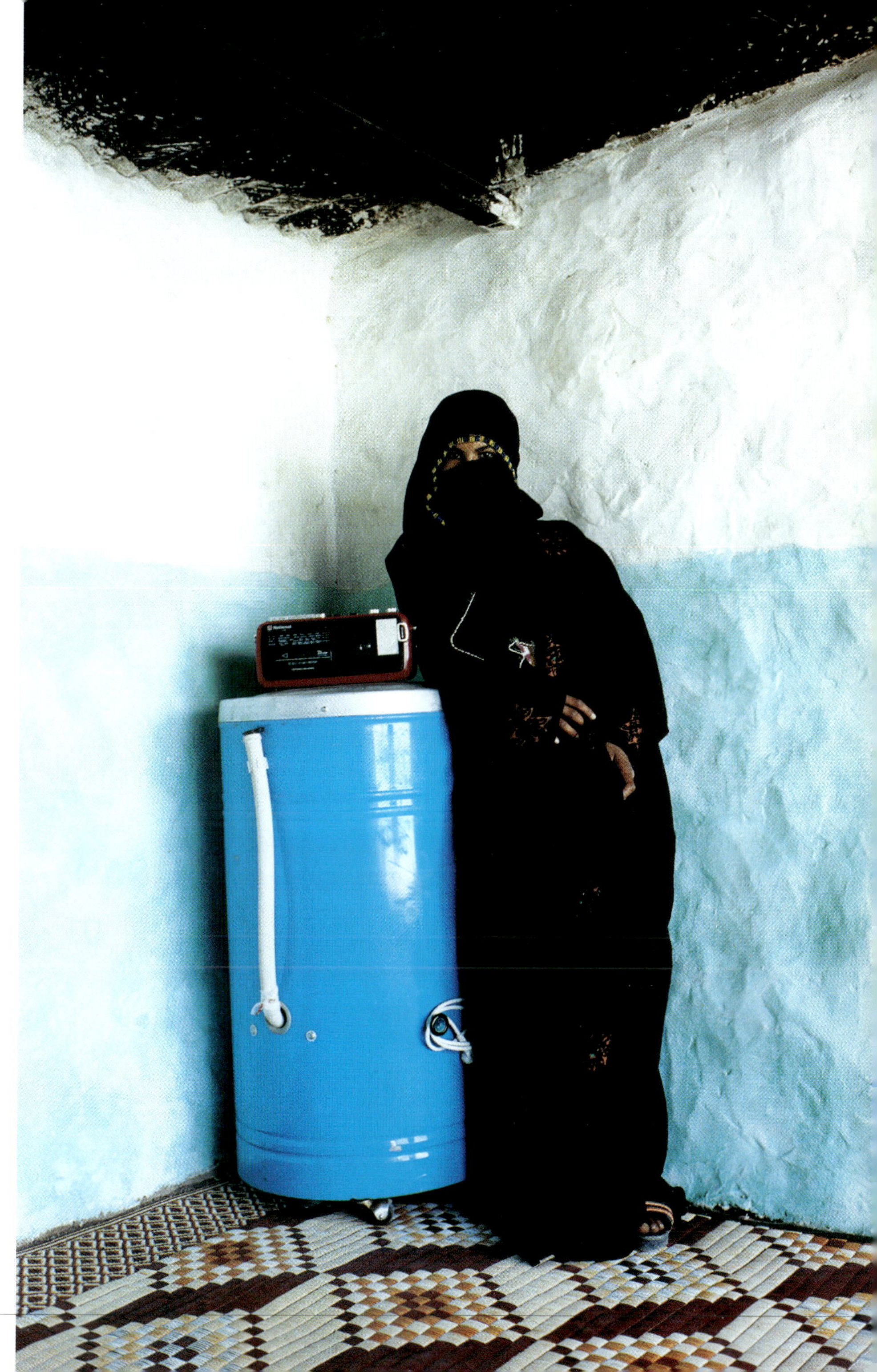

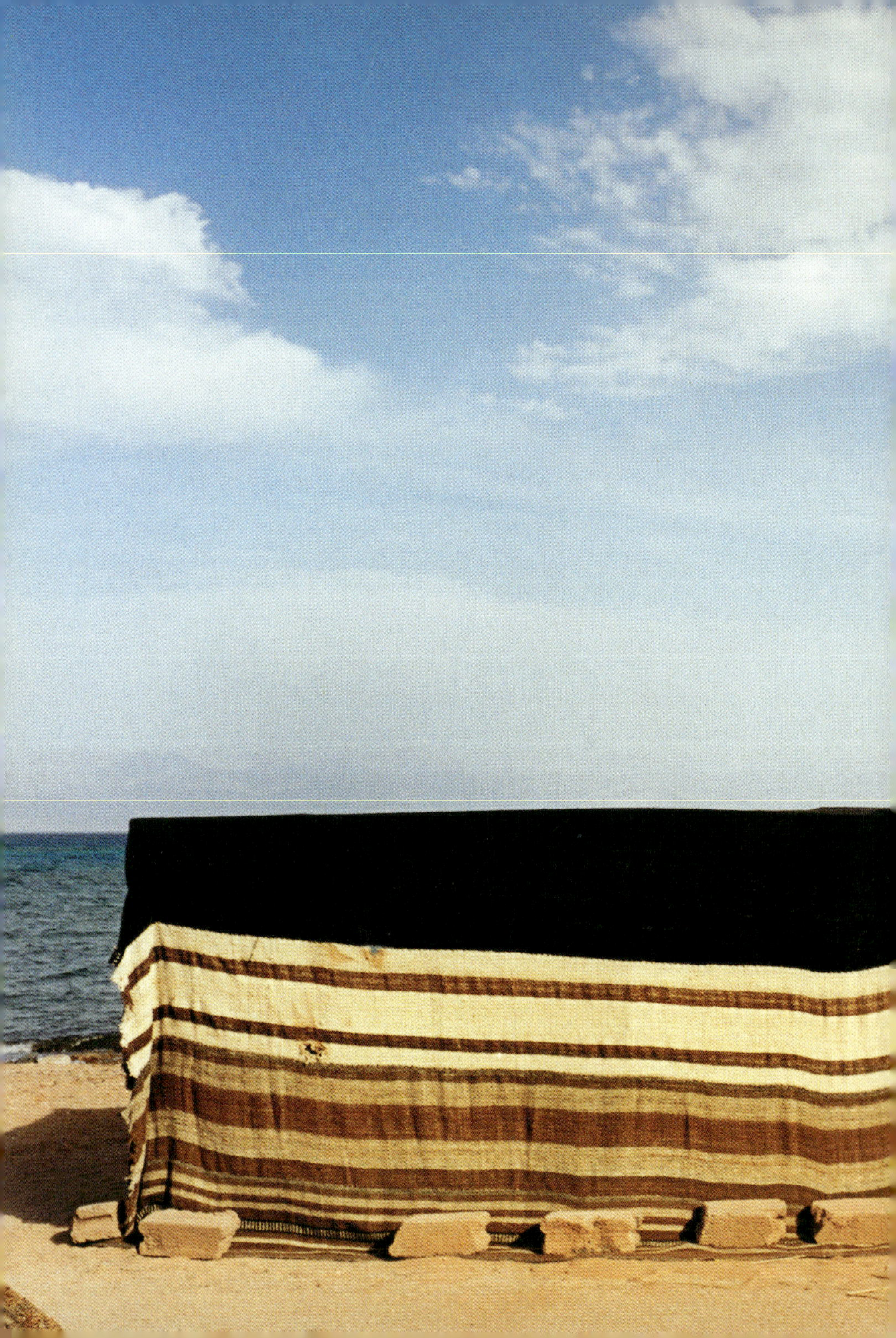

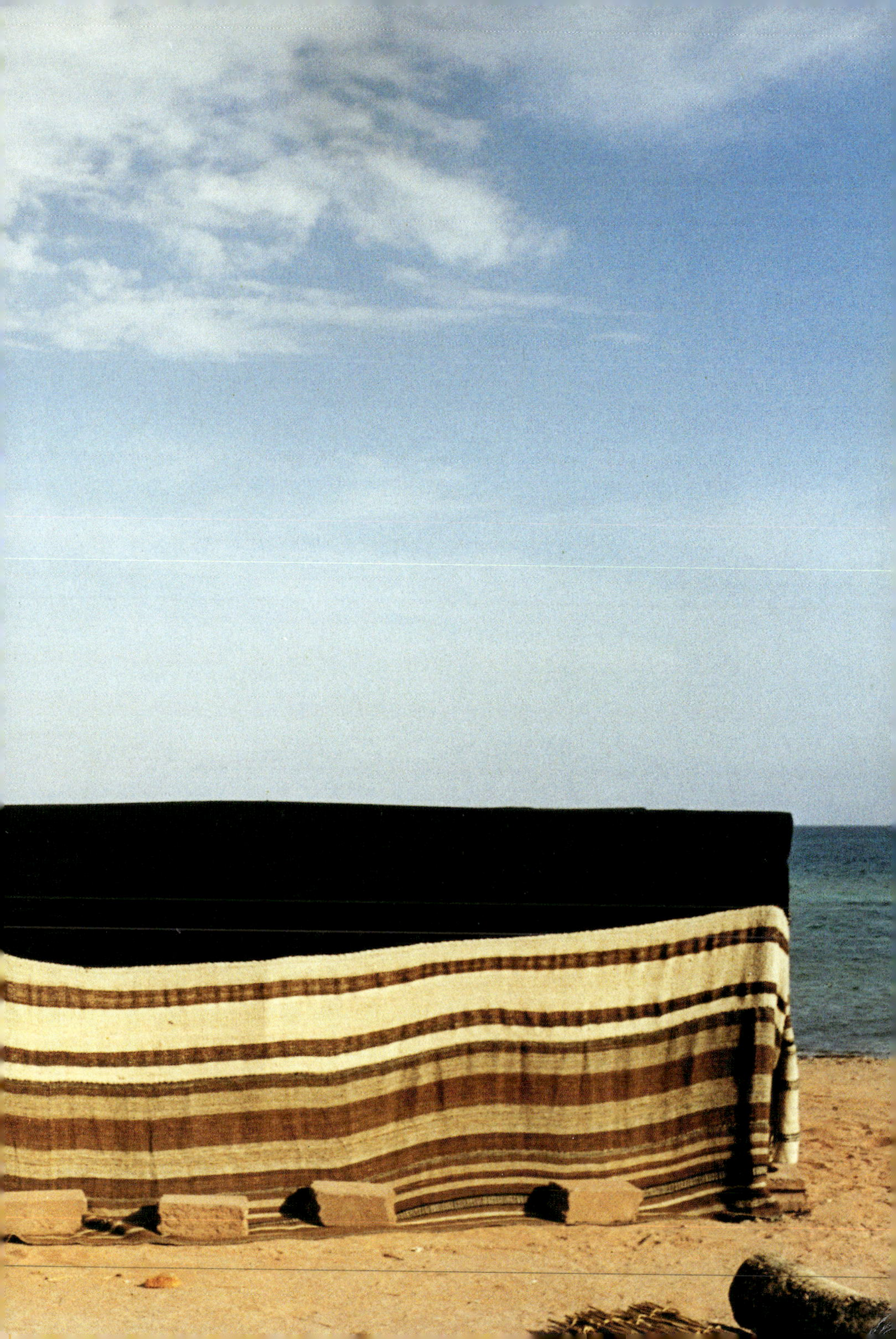

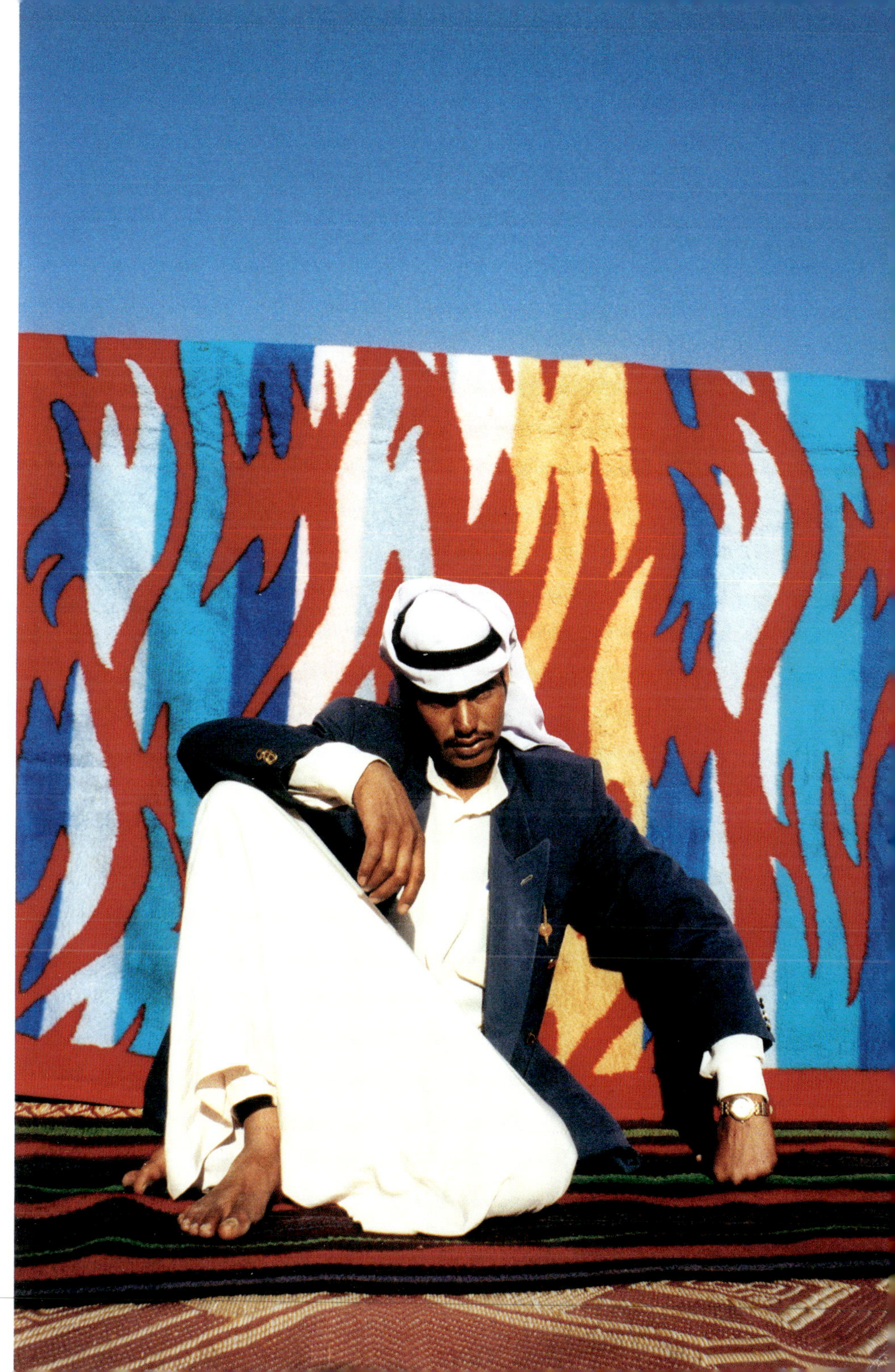

Merci à mes parents Yves et Jacqueline, mon frère
Gilles, ma sœur Carole et ma fille Héloïse. Sans leur
fidèle soutien ma vie de photographe aurait été bien
plus difficile.
J'exprime toute ma gratitude à mes amis bédouins,
pour leur gentillesse, leur générosité, leur
confiance et leur patience.
Je remercie Jean-Pierre Coutrel, grâce à qui je suis
partie confiante dans cette aventure ; ainsi que tous
mes amis, pour leur appui et leur affection. Ceux qui
m'écoutent et me soutiennent, ceux qui m'hébergent
et me supportent. Ils m'ont souvent encouragée, et
leurs commentaires m'ont été précieux :
Isabelle Stassart, Isabelle Bonjean, Nathalie Belayche,
Mathilde Daudy, Béatrice Bastid, Catherine Rouan,
Marie-Aude Mouret, Erin Lawlor, Valérie Tréhoust,
Jean-René Claret de Fleurieu, Jacques Bastide,
Marie-Cécile Renaud, Marc Belli, Laurence Kourcia,
Myriam Youdevitch, Marie-Pierre Yovanovitch,
Anne Ambellan, Marta Sentis. Et tous les autres.

Ma reconnaissance va également à : Laura Serani et
son équipe des Galeries de la Fnac, Isabelle Wisniak
et Marion Scemama, ainsi qu'à Claude Nori, pour
avoir les premiers montré ce travail ; Jean-François
Rospape, directeur de L'Imagerie à Lannion, et
Pierre Corratgé, directeur artistique du festival
Regards ; Françoise Huguier et Catherine Philippot
pour leurs conseils avisés et leurs encouragements
bienveillants ; Jim Casper, directeur de LensCulture.
com, pour avoir diffusé ce travail avec toute sa
passion ; le laboratoire Dupon et Leica.
Un grand merci à Nathalie Locatelli, directrice de la
Galerie 127 à Marrakech ainsi qu'Elie Domit,
directeur artistique de la Empty Quarter Gallery
à Dubaï, qui, par leur enthousiasme et leur engage-
ment, ont contribué à la parution de cet ouvrage.
Pour terminer, je rends hommage à Jean-Paul
Capitani, pour sa détermination à publier ces
images, et à toute son équipe, pour sa gentillesse et
sa compétence.

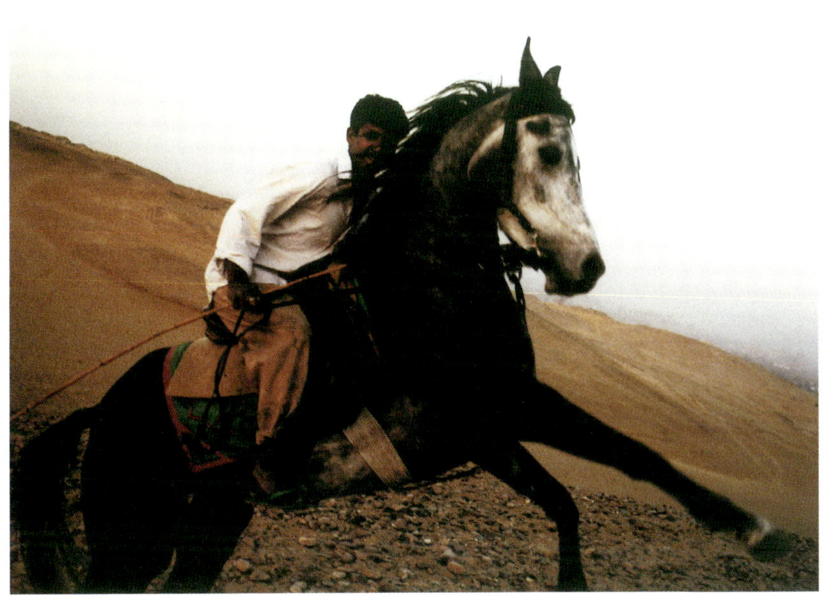

Conception graphique : Silvia Alterio
Fabrication : Géraldine Lay
Suivi éditorial : Marie-Marie Andrasch
Collaborations : Anne-Sylvie Bameule
Correction : Lauranne Valette
Photogravure : Terre Neuve

Traduction anglaise : Erin Lawlor

Achevé d'imprimer
en octobre 2009 chez Deltacolor,
Nîmes

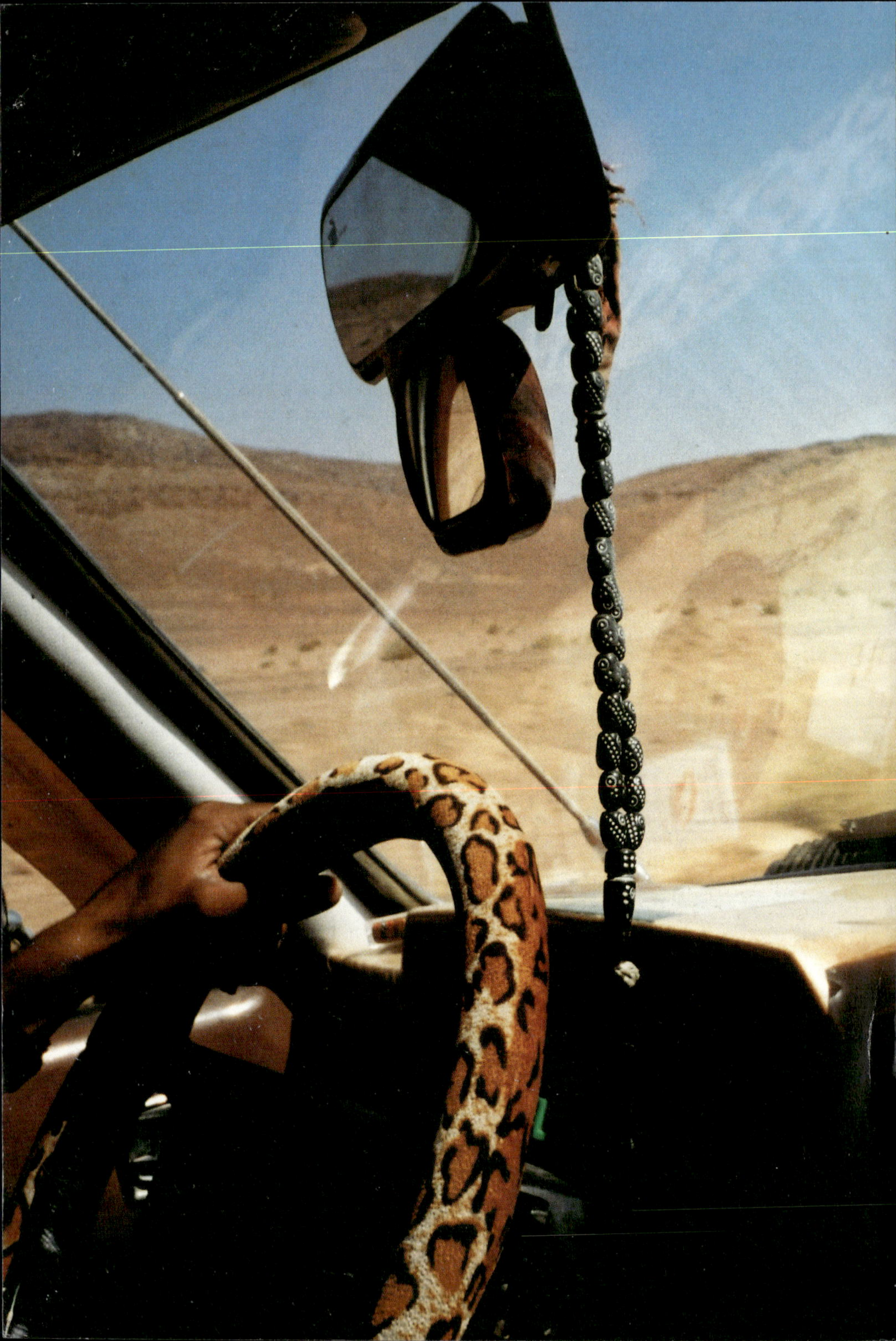